FAÇA DIFERENTE PARA FAZER A DIFERENÇA

Faça diferente para fazer a diferença

Copyright © 2023 by Fabiane Oliveira

1ª edição: Maio 2023

Direitos reservados desta edição: CDG Edições e Publicações

O conteúdo desta obra é de total responsabilidade do autor
e não reflete necessariamente a opinião da editora.

Autora:
Fabiane Oliveira

Coordenação e idealização do projeto:
Patricia Brazil
Alessandra J. Gelman Ruiz
Mariana Coelho

Coordenação editorial:
Mariana Coelho

Produção editorial:
Palavras dos Céus
Authoria Agência Literária & Studio

Produção de texto e revisão:
Ofício das Palavras
Equipe Citadel

Projeto gráfico e capa:
Tatiane Lima

DADOS INTERNACIONAIS DE CATALOGAÇÃO NA PUBLICAÇÃO (CIP)

Oliveira, Fabiane
Faça diferente para fazer a diferença : seja a escada para os outros viverem melhor e você mudará o (seu) mundo / Fabiane Oliveira. — Porto Alegre : Citadel, 2023.
288 p. : color.

ISBN: 978-65-5047-231-3

1. Autoajuda 2. Autoconhecimento 3. Desenvolvimento pessoal 4. Autorrealização I. Título

23-2137 CDD 158.1

Angélica Ilacqua - Bibliotecária - CRB-8/7057

Produção e distribuição:

CITADEL Grupo Editorial

contato@citadel.com.br
www.citadel.com.br

FABIANE OLIVEIRA

FAÇA DIFERENTE PARA FAZER A DIFERENÇA

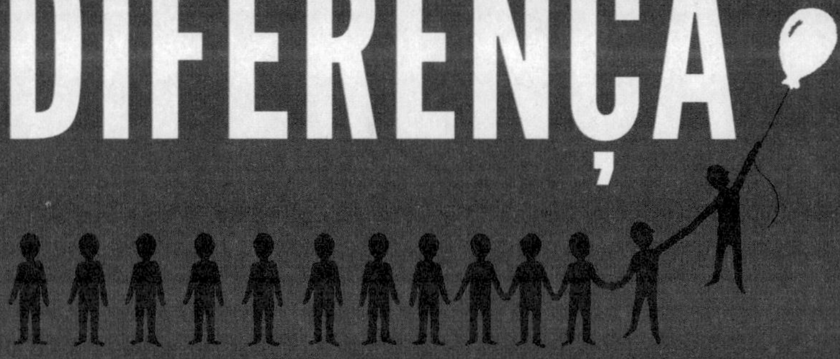

SEJA A ESCADA PARA OS OUTROS VIVEREM MELHOR E **VOCÊ MUDARÁ O (SEU) MUNDO**

CITADEL
Grupo Editorial
2023

SUMÁRIO.

PREFÁCIO.

Fabiane é daquelas pessoas fora de série. De tão singular, fica difícil descrevê-la. Ela é ousada e amorosa, forte e gentil, é leoa e ovelha, e persistente e estratégica em tudo o que faz. É aquele tipo de pessoa que nos impulsiona, que faz com que qualquer situação tenha uma resposta produtiva.

Este livro certamente é fruto de sua *ousadia*! Sim, essa é a característica que mais se destaca quando pensamos na Fabiane. Nós nos conhecemos em um tempo em que eu estava passando por uma fase especial da minha vida, e tê-la ao meu lado, podendo conhecer mais sobre suas facetas, abriu meus olhos para sua criatividade, para sua ousadia, o que me auxiliou a ampliar minha visão.

E falando exatamente sobre isso, neste livro ela aborda quatro visões sobre o perfil das pessoas que nos ajudam a ir além. De uma maneira leve, ela nos leva a um questionamento sobre o tipo de pessoa que somos: a que prefere ignorar, a que se conforma, a que critica ou a que age. Dessa maneira, ela nos estimula a pensar na vida.

E por que falar de quatro modelos? Na esfera superior, quatro são as letras de Deus: Yod, He, Vau, He. O número quatro representa a solidez e tudo aquilo que é tangível. Neste livro, Fabiane conseguiu trazer o perfil de quatro comportamentos humanos diante dos problemas e a forma como isso pode gerar vida.

De uma maneira linda e com muita vulnerabilidade, ela nos inspira a sermos estratégicos para enfrentar as situações, nos conduzindo a um nível maior de fé, mostrando a importância da estrutura de uma família. Saber um pouco da história da Fabiane com sua mãe, da atmosfera de criatividade que ela gerava, me inspirou também como mãe. Lembrou-me do que existe em nossa cultura que reforça os princípios do Criador e uma família, e a família dela teve um papel fundamental na mulher que ela se tornou.

Neste livro vejo vida, vejo reflexão sobre os quatro tipos de pessoas se manifestando mais uma vez, simbolizando o alicerce, a estabilidade, a construção, a praticidade, a solidez, a estrutura, o trabalho, a rotina, a disciplina. Gostaria de convidar o leitor a ler estas páginas e apreciá-las como uma joia singular.

Anote os insights que irão surgir, pois estar perto da Fabiane é ter acesso a um mundo de ideias criativas. Ao ler este livro, você vai poder contemplar, de relance, um pouco dessa mulher tão autêntica e verdadeira. Sua vida é uma inspiração. Eu só tenho a agradecer por estar ao seu lado e ter o privilégio de ter visto esta obra nascer. Ela será uma verdadeira *Pessach*, uma passagem para todos que lerão as próximas páginas.

Renata Oliveira Hargreaves

Presidente da IECAP, Agência de Transformação Social

INTRODUÇÃO.

Quando se detecta um problema na sociedade que atinge uma só pessoa ou um grupo de pessoas, cada ser humano desse grupo reage de uma maneira diferente. E quando digo problema, eu me refiro a qualquer coisa que precisa ser resolvida, que pode ser desde uma situação muito simples até algo bem complexo: um vazamento de gás na casa de um vizinho, alguém que sofreu um acidente no trânsito, uma enchente em um bairro, um terremoto que devasta uma cidade inteira, o desmatamento de uma floresta nativa, o desemprego tecnológico, a fome crônica em um país, a pobreza no mundo etc. Se fôssemos analisar de uma maneira ampla, resumindo bem, as pessoas reagem diante dos problemas da sociedade de quatro modos básicos:

Pessoas que preferem ignorar	**Pessoas que se conformam**
Pessoas que criticam	**Pessoas que agem**

Pessoas que preferem ignorar: Existem aquelas pessoas que olham para o problema, veem que ele é complexo, e como o problema não as prejudica, elas preferem ignorá-lo, ou, como se diz popularmente, elas se "fazem de mortas". Fingem que a situação não existe, que não é com elas, que nem viram acontecer, e não fazem nada. Em geral, pessoas que reagem assim não são atingidas diretamente pelo problema, vivem bem, e fica fácil não fazer nada e seguir com suas vidas. Ou então pensam que a culpa pelo problema não é delas, que não têm responsabilidade em agir ou fazer algo para solucioná-lo, que "alguém" vai fazer alguma coisa para cuidar daquilo, então está "tudo bem", e passam reto.

Pessoas que se conformam: Existem aquelas pessoas que se conformam com o problema. Acham que "a vida é assim mesmo", que não há o que fazer, porque as circunstâncias do mundo, ou da história, levaram a isso e "as coisas sempre foram assim, fazer o quê?". Que é preciso aprender a lidar com a situação do jeito que ela se apresenta. Em geral, pessoas que reagem dessa forma são atingidas pelo problema, mas se sentem impotentes, ou não se sentem capazes de resolvê-lo, e nem veem a possibilidade de isso acontecer, e preferem adaptar-se a uma situação indesejada ou desconfortável a fazer algo difícil para mudá-la. Ou então são pessoas que não são atingidas pelo problema, e até seriam capazes de resolvê-lo, mas interessa a elas, de alguma maneira cínica ou por alguma razão "torta", que a situação permaneça sem ser solucionada.

Pessoas que criticam: Existe um grupo de pessoas que olham para o problema, sabem de sua existência, ficam indignadas com ele, e o denunciam, gritando muito, seja de modo real, nas ruas, nas mesas dos bares ou nos intervalos do expediente no trabalho, seja de modo virtual, pela internet, em geral nas redes sociais, nos chats e comentários. Culpam sempre alguém pela existência do problema, seja o governo, seja um partido político, seja um poderoso, seja uma ideologia, seja um grupo não político, seja um famoso, uma celebridade, uma subcelebridade, uma pessoa ou grupo de pessoas (do qual, diga-se de passagem, ela nunca faz parte). Essas pessoas em geral não fazem nada de prático para solucionar o problema, além de denunciar – o que muitas vezes pode até ser útil e efetivo para chamar a atenção de alguém que realmente vai fazer algo –, mas os críticos, em geral, ficam mais nas palavras do que nas ações.

Pessoas que agem: São aquelas pessoas que olham para o problema, que não se conformam com a situação e partem para resolver, porque se sentem responsáveis em fazer alguma coisa. Se não sabem como fazer, vão buscar ajuda de quem sabe, ou vão estudar e pesquisar para aprender a solucionar. E movem mundos e fundos para que a questão seja resolvida. Em geral, pessoas que reagem assim podem ser atingidas ou não pelo problema, mas se sensibilizam por ele. Ou então usam seu poder (financeiro, intelectual, de influência, de relevância, de convencimento, ou só de amor ao próximo) para agir e terminar com o problema. Uma coisa é certeza: são essas as pessoas que fazem a diferença no mundo e ajudam a mudá-lo.

Todos sabemos que o mundo não é um lugar perfeito.

Mesmo o mais desenvolvido dos países no mundo tem problemas, e ainda há lugares com questões muito básicas em termos de sobrevivência para serem resolvidas, como alimentação, moradia, segurança, educação, transporte e saúde. Há pobreza extrema, fome, deficiência alimentar, pessoas sem abrigo, sem moradia, sem dignidade, com doenças, sem acesso a informação, sem escolaridade e sem uma vida com um conforto mínimo. E eu não estou falando só da África subsaariana. Estou me referindo a áreas do Brasil mesmo.

Digo isso com conhecimento de causa, porque eu vim de uma delas. Nasci e cresci na Vila Aparecida, um lugar muito carente e complicado, bem ao lado da favela de São

Camilo, na cidade de Jundiaí, interior de São Paulo. Era um ambiente inseguro, muito hostil, um lugar em que você dormia e acordava podendo ouvir tiros e vendo coisas nada adequadas para uma criança presenciar. Não sabíamos se de madrugada, eu e meus irmãos seríamos acordados de sobressalto com os gritos, estrondos e sons de sirene dos carros de polícia, ou se uma bala perdida poderia entrar pela janela. E nem se de manhã, ao sair para a escola, haveria um corpo estendido na calçada.

Aquele lugar difícil era o lar de muitas pessoas íntegras, honestas, trabalhadoras, de coração bom, que cuidavam da família e dos vizinhos, que compartilhavam o pouco que tinham e que sabiam que elas não se definiam pelo lugar em que estavam ou onde tinham nascido. E nem o seu destino. Minha família era assim.

Sou a segunda de quatros filhos. Nós éramos muito pobres e simples, como todos dali. Meu pai era frentista de um pequeno posto de gasolina local, e minha mãe, que tinha nove irmãos e sempre teve que ajudar minha avó, já estava acostumada a ter vários trabalhos. Ela fazia de tudo para trazer um dinheiro a mais para casa: vendia produtos por catálogo, trabalhava em uma pequena fábrica, depois em uma mercearia, além de dar duro em casa para cuidar das quatro crianças.

Nossas refeições não eram muito variadas. De manhã, farinha de milho com leite. No almoço e no jantar, comíamos arroz com banana frita, ou com banana assada, ou cozida, ou doce de banana... Não havia muitas opções. E eu via que, quando ia em outra casa na vizinhança ou no bairro, às vezes tinha um refrigerante, e pensava que mesmo ali havia gente que comia melhor que nossa família. Mas com tantas bocas para alimentar na minha casa, não dava para ter "luxos", como nas famílias com um filho só.

A vida próspera e muito confortável que eu tenho hoje com meu marido e meus três filhos na nossa casa na Califórnia, nos Estados Unidos, advinda dos negócios muito bem-sucedidos que conquistamos e construímos com muito suor, trabalho, aprendizado e, claro, com fracassos e derrotas também, nunca esteve nem perto dos meus mais incríveis sonhos.

A jornada que percorri para sair do meu lugar de origem e chegar aonde eu cheguei foi trilhada por poucos, eu sei, e todos nós sabemos. Mas andar por esse caminho foi exatamente o que me fez entender e enxergar muita coisa sobre pobreza e riqueza, sobre escassez e prosperidade, sobre desigualdade social e os motivos que levam a sociedade e as pessoas a quererem modificar a realidade dos menos favorecidos e a vida de quem ainda vive em um mundo parecido com aquele de onde eu saí. Seja essa realidade a sua própria ou a de outros.

E o fato é que aprendi que para uma pessoa sair da situação de pobreza ou de miséria não é apenas uma questão de ela ter mais dinheiro, ou até de darem a ela esse dinheiro. Apenas ter mais dinheiro talvez possa resolver uma situação momentânea, pontual, de fome e falta de condições mínimas de sobrevivência. Mas eu garanto que isso não levará a uma condição (auto)sustentável, em que a pessoa consiga perpetuar uma melhora de vida, e ela ficar permanente no longo prazo.

Para isso acontecer, é preciso uma solução mais complexa, que está relacionada à educação, principalmente emocional. Em linhas gerais, precisamos oferecer a essa pessoa referências adequadas, mostrar novas possibilidades, e dar subsídios para a construção socioemocional de uma boa autoestima que, em seu conjunto, possam levar à criação sustentável de prosperidade por essa própria pessoa. E é exatamente isso que quero mostrar nestas páginas.

Muitos podem achar tudo isso muito difícil, talvez utópico ou até impossível. Porém, eu acredito que as pessoas que descrevi acima, que fazem parte do grupo das **que se conformam**, e que são atingidas pelo problema da escassez, podem parar de simplesmente aceitar resignadamente essa situação e fazer parte do grupo **das que agem**, sendo protagonistas ativas da mudança do seu próprio destino. É possível mudar e melhorar a vida sim!

E as pessoas que fazem parte do grupo **das que preferem ignorar** e do grupo **das que criticam** podem ser sensibilizadas a fazer parte das grandes soluções e também compor o **grupo das pessoas que agem**. Fica aqui meu convite e minha provocação!

E quanto àquelas a quem esse **problema interessa ser mantido**, espero que todas as outras ajudem a exterminá--las de seus cargos de poder, para que não mais lucrem ou ganhem com a miséria alheia. E é por isso tudo isso que eu resolvi escrever este livro.

Não importa de que grupo você faça parte. Se você se sentir tocado ao final da leitura e responsável por fazer alguma coisa, eu já terei atingido meu objetivo.

“DEPOIS DE LIDAR COM MAIS DE 30 MIL CRIANÇAS E JOVENS EM COMUNIDADES E FAVELAS, EU POSSO AFIRMAR: A MAIOR PARTE DESSAS CRIANÇAS NÃO TERÁ UMA AUTOESTIMA SUFICIENTEMENTE SÓLIDA PARA ALMEJAR PARA SI MESMAS ALGO DIFERENTE E SAIR DAQUELA REALIDADE. ELAS NÃO OUSAM ACHAR QUE MERECEM EXPLORAR TODO O SEU POTENCIAL, MESMO PORQUE ELAS NEM O CONHECEM, JÁ QUE SÃO POUCAS AS OPORTUNIDADES DE DESENVOLVÊ-LO. E EU GARANTO: O POTENCIAL DELAS É IMENSO.”

CAPÍTULO 1

TRISTE REALIDADE

• • • •

Quando uma criança nasce em uma condição de pobreza, ou até de miséria, de escassez de todas as condições dignas de vida, em um lugar onde impera a violência, onde o crime impõe a lei, criando uma verdadeira zona de guerra urbana, e onde não há muitas famílias estruturadas nos aspectos físico, emocional, mental e espiritual, com condições de proteger e orientar essa criança, dando perspectivas de um bom futuro... Qual será o destino dessa criança? Como ela crescerá? Como ela se formará? E o que ela pensará sobre ela mesma?

Não é difícil concluir que seus parâmetros e modelos a serem seguidos estarão no que ela conhece, ou seja, a realidade em que ela vive. Por isso, muitas vão reproduzir o que sempre viveram e perpetuar aqueles modelos e situações.

A boa notícia, é que existem algumas "brechas" nesse cenário que podem mostrar um mundo diferente, além daquele panorama que essa criança conhece: a televisão, as revistas e os jornais, a internet (sendo tudo bem direcionado, é claro), a sorte de ter uma ou mais figuras familiares sólidas, a escola, a igreja, ou pelo menos algum bom professor ou educador que ensine que existem outras coisas, e os livros, sempre eles.

Mesmo assim, pela minha experiência, depois de lidar com mais de 30 mil crianças e jovens em comunidades e favelas, eu posso afirmar: a maior parte dessas crianças não terá uma autoestima suficientemente sólida para almejar para si mesmas algo diferente e sair daquela realidade. Elas não ousam achar que merecem explorar todo o seu potencial, mesmo porque elas nem o conhecem, já que são poucas as oportunidades de desenvolvê-lo. E eu garanto: o potencial delas é imenso.

I UMA BRECHA

Talvez eu tenha encontrado a minha "brecha" muito cedo, por uma combinação de inconformismo com minha condição, com a bênção de ter nascido em um lar pobre, mas muito estruturado, em uma família amorosa, muito unida, com caráter, valores e princípios, principalmente espirituais.

Além disso, o modo otimista e positivo dos meus pais, que nunca nos educaram com uma mentalidade de medo, privação ou escassez, certamente me fez crescer com um olhar esperançoso, com a certeza de que algo melhor sempre viria e seria possível. Eu me lembro com clareza de quando era pequena, na hora das refeições, minha mãe e meu pai dizerem:

— Olha, filhos, o que nós temos hoje, que delícia! É arroz com banana. A banana está madura! Ela está no ponto certo para vocês comerem! Que bom que ela não está verde!

E nós comíamos com gosto, achando que aquilo era muito bom. Quando faltava dinheiro para pagar as contas de água ou de luz, e batiam na porta de casa para cortar o fornecimento, eles falavam:

— Que bom que nós só estamos com duas contas atrasadas! Estamos juntando dinheiro e antes da terceira conta nós iremos pagar, porque a gente não pode ter o serviço interrompido. Pode até ser que o serviço venha mais lento, pode ser até que a gente não consiga pagar todo mês, mas ficar sem serviço não vai acontecer, filhos. Nós estamos juntos.

Minha mãe dizia:

— Nós vamos vencer juntos. Fabi, o homem vai cortar a luz, mas dá um sorriso para ele e fala que a gente vai conseguir, que é para ele vir amanhã.

Com isso, aprendi, já naquela época, e trago isso até hoje, que os desafios são para serem vencidos e encarados com coragem. Que podemos ter certeza de que devemos correr atrás, fazer, batalhar para dar certo. Que se tem arroz e banana, que eu seja grata pelo arroz e pela banana. Afinal, "ela está madurinha para eu comer".

E eu sempre fui agradecida porque, com jeito e com boa conversa, o rapaz que ia cortar a luz e a água sempre passava primeiro na rua de cima e deixava para ir à nossa casa já no final da tarde. Porque ele sabia que até o fim do dia nós teríamos o dinheiro. E em geral meus pais davam um jeito de conseguir pagar.

Mas eu sei que essa não é a regra nesse ambiente. Em geral, vemos pessoas que são invalidadas, desvalorizadas, ou conformadas. Quando alguém, principalmente uma criança ou jovem, não tem uma pessoa ou familiar que lhe dê a atenção devida, que o oriente, que o valorize, que o valide, que dê esperança ou uma perspectiva de solução para os problemas, fica muito difícil crescer se achando uma pessoa capaz, merecedora, com forças e digna de promover grandes transformações em sua vida.

Uma criança que vive em uma casa onde existem maus tratos, ou ela tem apenas a mãe, o pai ausente, ou vice-versa, abandono emocional, falta de alimentos, um lar completamente disfuncional, terá seu desenvolvimento diretamente comprometido, pois os pais são os agentes primários de socialização dos filhos, e vão ensiná-los, direta e indiretamente, como expressar suas emoções e como reconhecê-las. Embora irmãos, parentes próximos e professores também figurem como participantes relevantes na socialização de uma criança, são os pais os principais agentes nessa jornada.

Se uma criança chega e pergunta animada: "Pai, que você achou do meu desenho?" e a resposta que vem é: "Uma porcaria, você não tem o dom mesmo de desenhar, procure fazer outra coisa", é lógico que isso irá destruir sua autoconfiança, sua fé na própria capacidade e abalar sua autoestima, distorcer sua identidade. Se isso já é prejudicial para qualquer pessoa em qualquer lugar, imagine o efeito que isso causa no ser humano que já nasceu em um local sem grandes perspectivas para o futuro. Para ela acreditar que é capaz de algo, a começar por conseguir promover grandes transformações na sua própria vida, vai ser necessário um grande trabalho.

Quando você tem seu emocional abalado e não sabe do seu próprio potencial, você tende a achar

que não pode ser nada e nem se tornar nada diferente do que é.

Você não vê possibilidade de ir além e pensa que não pode fazer qualquer coisa, e por isso não toma nenhuma atitude, e não tomar nenhuma atitude já é um indicador de fracasso. O pensamento reinante é: "Eu nasci aqui, vivo aqui, as pessoas aqui são assim". Considere: ninguém que vive uma vida de fracassos diários, que mal consegue ganhar seu sustento, ganhando a vida de maneira ilícita, desonesta ou criminosa, faz tudo isso conhecendo seu potencial máximo e suas maiores capacidades. Ao contrário!

Essa pessoa tomou caminhos fundamentados em uma identidade distorcida, e por isso nem percebe a cova que vai cavando para si mesma. Porque se estivesse ciente de quem é, do seu potencial, e tivesse conquistado a oportunidade de desenvolvê-lo de maneira intencional, certamente faria escolhas muito diferentes, com resultados surpreendentes.

PÉ DE POBRE NÃO TEM NÚMERO

Quando uma pessoa se conforma com a realidade em que vive e não vê perspectiva de melhora ou mudança, ou até quando ela se revolta, mas não vê saída para uma modificação, quando ela não conhece seu real valor por não saber do seu potencial e de sua capacidade, porque todas as oportunidades para isso estão com suas portas fechadas, quando todas as brechas para uma saída são quase inexistentes, é praticamente inevitável que essa pessoa tenha uma autoestima fragilizada.

> Crianças e jovens crescem se achando "menos", **não se sentem merecedores, e vivem em uma espécie de marginalização também mental e emocional** sobre o que podem e não podem em seu autojulgamento.

Pode parecer estranho para quem não nasceu em um ambiente assim, mas isso se reflete até nas mínimas coisas, e deixa marcas para a vida toda. Vou contar um exemplo meu: sempre que eu vou comprar sapatos e a vendedora pergunta quanto eu calço, volta nos meus ouvidos uma frase que eu sempre ouvia da minha mãe: "Pé de pobre não tem número". É que quando eu ganhava um sapato, na verdade "herdava" de alguém que doava, minha mãe fazia a gente usar, independentemente do tamanho. Eu insistia:

— Mãe, esse sapato não serve, é 35, está apertado. Já estou calçando 36.

— Serve, sim, é esse que você ganhou, é esse que serve. Pé de pobre não tem número.

Ainda preciso me policiar hoje em dia, quando vou à loja e posso comprar qualquer sapato, e responder à atendente:

— Eu calço 39 (e penso: "Meu pé tem número, sim!").

Tudo o que a gente vê, ouve e sente sob forte impacto emocional, principalmente se for repetido, constitui quem a gente é. São coisas que ficam dentro de nós, mesmo que não queiramos, e permanecem ao longo da nossa vida moldando nossa identidade. Mas essas coisas precisam, muitas vezes, ser desconstruídas, para podermos nos desenvolver e ir além.

Outro exemplo: hoje morando muito bem na Califórnia, tenho uma chef de cozinha, a Patrícia, que vem à minha casa uma vez por semana e me pergunta:

— Fabiane, o que você quer comer? O que você mais ama? Adivinha?

Claro que minha memória afetiva é o arroz com banana. Você quer me ver feliz? Me dê um bom prato de arroz com feijão fresquinho, em que eu coloco uma banana, sem carne, sem nada, e fico satisfeita. Mas eu também aprendi a comer outras coisas, claro, e é óbvio que fui me adaptando e conhecendo de tudo. É sempre uma questão de educação. Comer coisas sofisticadas, no entanto, não é algo que me pegue, ou que eu faça questão.

As pessoas que nascem em um ambiente de escassez não acreditam que são capazes de determinada coisa porque em geral não conhecem ninguém que é capaz.

Faltam referências, faltam parâmetros e exemplos. Elas em geral não se relacionam com ninguém que tenha uma vida diferente. Quando eu falava para minha mãe: "Quero ser rica, como é que se faz?", ela não sabia nem como começar a me responder. Ela não conhecia alguém que fosse rico.

Desde o começo da adolescência, com meus 12 ou 13 anos, comecei a entender que aquele ali era o lugar em que eu havia nascido, mas não era onde eu queria viver a minha vida. E eu via que aquilo era uma coisa minha, diferente das minhas amigas. Eu era até meio revoltada, porque queria algo que pudesse mudar mesmo a minha vida. Falava para elas:

— A gente tem que sair daqui! Nós temos que melhorar nossa vida!

E elas respondiam:

— Fabi, você tem cada ideia, parece doida! Nós nascemos aqui. Nossos pais estão aqui, nós já estamos acostumadas. Mas fica tranquila, porque quando você crescer, quando ficar adulta, ninguém vai roubar você, porque você faz parte da comunidade. As pessoas não vão te assaltar, não vão te fazer nada.

E eu pensava comigo: "Fica tranquila nada! Isso não é garantia para mim de nada. Eu não quero continuar aqui, eu quero é outra vida. E vou encontrar um meio de conseguir". Eu não sabia ainda o que, mas, de alguma forma, tinha dentro de mim a certeza de que poderia fazer alguma coisa para modificar meu destino.

“EU VIA AQUELAS MULHERES DO BANCO COM SAIAS LÁPIS, MEIAS CALÇAS, COLARES, TODAS ARRUMADAS, MUITO DIFERENTE DE TODO O RESTO COM QUE EU ESTAVA ACOSTUMADA. AQUILO ERA UMA REFERÊNCIA PARA MIM DE ELEGÂNCIA, MULHERES ARRUMADAS, INCRÍVEIS, QUE LIDAVAM COM DINHEIRO. NA MINHA CABEÇA DE ADOLESCENTE, ACHAVA AQUILO MARAVILHOSO!”

CAPÍTULO 2

UMA LUZ NA ESCURIDÃO

●●●●

No meio daquele panorama cinza da minha comunidade, existia um lugar totalmente diferente para mim. Era o local que eu via como símbolo de riqueza: o banco. Eu podia ir às vezes com meu pai para aquele oásis, quando ele ia depositar ou sacar o dinheiro que ele recebia no posto de gasolina. Aquele espaço todo iluminado, brilhante, com vidros e metais, estofados e computadores, que guardava as fortunas das pessoas, não era só rico. Era chique!

Eu via aquelas mulheres do banco com saias lápis, meias calças, colares, todas arrumadas, muito diferente de todo o resto com que eu estava acostumada. Aquilo era uma referência para mim de elegância, mulheres arrumadas, incríveis, que lidavam com dinheiro. Na minha cabeça de adolescente, achava aquilo maravilhoso!

Coloquei então na cabeça que eu poderia trabalhar no banco. Eu também seria parte daquele mundo diferente. Eu também seria chique e rica. Só precisava descobrir como.

CHIQUE E RICA

Quando eu era adolescente, eu adorava olhar as revistas nas bancas de jornal. Eu ficava olhando aquelas modelos lindas e bem-vestidas nas capas e me imaginando com aquelas roupas e penteados. Eu amava fazer isso. Eu tenho um tio, o tio Teddy, que é cabeleireiro e sempre cortava meus cabelos e fazia penteados iguais aos das modelos das revistas. Ele gostava de me usar de "cobaia" para testar novos cortes. Às vezes dava errado, mas na maioria dos casos eu ficava linda! Hoje é um excelente profissional, que me enche de orgulho. Então, aquilo era uma referência para mim. Hoje, sei que é uma visão de futuro, algo que eu queria e imaginava para mim.

Um dia, quando eu tinha 14 anos, estava passando em frente a uma banca de jornal, parei para olhar e de repente vi ali no meio das revistas um jornal publicado na cidade, que só saía aos domingos e que fazia anúncios chamado *Modulinho*. Lá, havia uma chamada de inscrição para um concurso de menor aprendiz, para menores de idade, do Banco do Brasil de Jundiaí.

Eu não acreditei. Fiquei maluca. Eu precisava comprar e me inscrever!

Cheguei correndo em casa, falando para minha mãe, toda entusiasmada:

— Mãe, eu vou trabalhar no banco! Vou ser rica, vou ser chique!!

E minha mãe, que queria me empoderar, mas não queria me ver frustrada (hoje eu sei), me disse:

— Filha, olha, você é muito capaz. Mas vai com calma, porque você vai concorrer com pessoas da escola privada... Você estuda em escola pública, que não é das mais fortes. E a gente sabe que você odeia estudar, repetiu o 5º ano e...

— Mãe, você não está entendendo. Primeiro, que eu só repeti o 5º ano porque levei uma reguada na cabeça da professora de matemática porque eu não decorei aquela porcaria de tabuada e não deixei barato e revidei. Ela não tinha o direito de me dar uma reguada! Professor não tem que bater em aluno, e a gente já conversou sobre isso. E segundo, que eu não vejo nenhum propósito em estudar, porque decorar tabuada ou as capitais não vai me trazer nada que mude minha vida. Eu vou na escola mais pra comer mesmo e conversar com os amigos. Só que agora eu VI vantagem em estudar. Eu VOU estudar e eu VOU passar nesse concurso! Me ajuda a pedir dinheiro para o pai pra comprar o *Modulinho*?

— Fabiane, mas você vai ficar gastando dinheiro com isso?

Minha mãe não botou muita fé naquilo. Mas eu não desisti.

— O pai precisa comprar pra mim!

Eu não estava pedindo dinheiro para comprar bala, porque aquilo não ia resolver meu problema. Eu queria era mudar a minha vida.

Claro que de tanto insistir consegui comprar o jornal e me inscrever no concurso. E com a inscrição vieram as apostilas. E eu estudei MUITO! Quando existe uma intenção em alguma coisa, quando a gente sabe por que e para que está fazendo alguma coisa, a gente faz com muito empenho.

E eu passei no concurso!

Finalmente, eu também seria chique e iria mudar de vida.

FAZENDO DIFERENTE

Passaram-se duas semanas e fui chamada para começar a trabalhar. Agora eu tinha uma carteira de trabalho assinada com minha função: menor auxiliar de serviços de apoio. Eu trabalharia de manhã e estudaria à tarde. No dia 9 de setembro de 1992 minha jornada iria se iniciar, e eu já começaria a fazer tudo diferente do convencional.

Eu me arrumei com uma saia da minha mãe, com uma meia calça dela e com a blusinha mais ajeitada que eu tinha. Ao chegar ao banco, havia uma grande fila de menores de idade que também tinham passado no concurso. Fui dando o meu melhor bom-dia a todos, e já tinha até mudado meu jeito de falar.

— Mas pessoal, pra que essa fila?

— Essa é a fila do uniforme.

— Uniforme?! Como assim? Eu já estou vestida para o trabalho!

Quando chegou minha vez, a encarregada me deu uma calça jeans, uma camiseta de algodão daquelas do tipo "posso ajudar?" com o logotipo do Banco do Brasil e um tênis tipo conga.

Eu queria morrer.

— Eu vou ter que usar isso aqui? Essa roupa?

— Sim. Os menores aprendizes do banco usam esse uniforme.

Peguei aquilo e saí. E não vesti. Trabalhei feliz com a roupa com que eu tinha ido.

Eu queria ter mudado de vida, e não me sentir a mesma pessoa, com uma roupa "comum", camiseta e calça jeans.

No dia seguinte, cheguei com a mesma roupa "chique" que eu tinha. Quando entrei, a ascensorista me olhou de cima a baixo e perguntou:

— Você vai para o seu andar, o terceiro?

— Vou.

— Hum. Acho melhor você subir até o nono, você está sem o uniforme. Vai ter que assinar um documento lá.

Fui, assinei o documento, desci e fui trabalhar. E foi assim o mês todo. Eu ia com minha roupa, chegava e subia até o nono andar para assinar o tal documento. E voltava para o terceiro andar para meu expediente.

Meu turno era de quatro horas com uma pausa de uma hora para o almoço. Mas eu resolvi que não iria almoçar. Achava um absurdo trabalharmos tão pouco tempo e ainda parar. Na chegada, o banco dava café da manhã, então eu já comia bastante, pensando em não precisar parar para almoçar. Na hora do almoço, eu aproveitava e descia para o segundo andar, onde o telefone tocava e ninguém atendia.

Eu tinha pensado assim: "Vou começar a atender. Pelo menos aprendo mais coisas".

Eu simplesmente atendia e falava:

— Banco do Brasil, boa tarde!

— (qualquer frase do outro lado)

— Ah, eles estão ocupados, abrindo uma conta.

Dois meses se passaram e um dia lá estava eu, sem uniforme atendendo ao telefone, quando uma colega me chama, apavorada, quase chorando:

— Fabiane, o diretor do banco está te chamando lá em cima! Ele quer falar com você. Pelo amor de Deus, você vai ser mandada embora! Eu sabia, eu te avisei há tanto tempo!

Mas eu só pensava: "O diretor do banco me chamou? Que ótimo, significa que ele me notou!".

Subi o elevador até o último andar e a secretária já me mandou entrar. O homem sisudo já começou perguntando:

— Fabiane, certo? Você tem 14 anos, é isso?

— Sim.

— Você tem consciência de que tem 14 anos?

— Eh... Tenho.

— Você tem consciência de que com 14 anos a gente obedece? Você tem mãe e pai?

— Tenho sim, senhor.

— Você veio por um concurso do banco e seus pais não te falaram que você tinha que usar o uniforme?

— Não. A minha mãe nem sabia que o concurso do banco existia. Fui eu mesma que fui atrás de fazer a inscrição.

— E você não sabia que tinha que usar o uniforme?

— Não. Quando peguei o *Modulinho*, não estava escrito ali que tinha que usar uniforme.

— O quê? Você está querendo me dizer que não usa o uniforme porque não estava escrito isso quando você foi prestar o concurso?

— Eu estou querendo dizer que, quando eu vim fazer o concurso do banco, era para ser chique e rica. Eu me inscrevi no concurso, estudei muito e passei. Quando cheguei aqui com essa roupa, eles falaram que eu tinha que usar uniforme. Se eu soubesse que teria que usar, nem teria prestado o concurso, sabia?

Ele olhou para minha cara e falou:

— E você sabia que muitas pessoas não estão querendo mais usar o uniforme e que estamos com muita reclamação aqui, por que você não vem de uniforme? Você está causando problemas pra gente.

— Só que o senhor precisa entender que cada um tem seu motivo. O senhor perguntou a elas por que elas não querem usar o uniforme? Se for só por minha causa, isso não é um bom motivo.

— Entendi, você tem um motivo e elas não têm. Ok, terminamos a conversa por aqui.

— E eu devo usar o uniforme amanhã?

— Eu acho que é o mais indicado, não é?

E eu passei a usar o uniforme. Mas em muitos dias, eu usava minhas roupas mesmo.

INDO ALÉM

Depois de quatro meses no banco, passei a estudar à noite, porque eu queria trabalhar e aprender mais. Nesse período, durante o dia comecei também a trabalhar como babá das filhas da Vera, minha chefe no banco. Eu ia para a casa dela depois do expediente e em seguida ia para a escola. Eu gostava de ajudá-la para ganhar um dinheirinho extra, mas principalmente para aprender como as pessoas de uma classe diferente da minha viviam.

Nessa época, também ganhei um crachá do banco, com foto, que guardo até hoje, pois foi algo muito simbólico. Atrás vinha escrita a minha função: menor auxiliar de serviço de apoio.

Mas quem quer ser *menor auxiliar de serviço de apoio*?

Grifei as iniciais e inventei um cargo mais "bacanudo" para mim: M.A.S.A. Eu agora seria Fabiane Masa, porque isso me fortalecia e me levava para a frente. Claro que minha função era apenas fazer cópias, buscar e levar papéis e auxiliar em serviços gerais. Mas eu já fazia mais coisas, como atender o telefone.

No sétimo mês de trabalho, comecei a ir até a área do Cacex, a Carteira de Comércio Exterior do Banco do Brasil, e a atender o telefone nesse departamento. Mas lá as pessoas que ligavam me perguntavam coisas diferentes:

— Eu tenho uma mercadoria para liberar no porto, mas estou com um problema na classificação fiscal dela.

Toda mercadoria que é importada ou exportada tem uma classificação fiscal. Na primeira vez que me perguntaram aquilo, fiquei confusa. Mas logo vi que havia um livro grosso perto do telefone, com várias classificações fiscais de produtos. Eu não tive dúvidas:

— Qual é a sua mercadoria?

A pessoa me falou, eu peguei o livrão, consultei e respondi:

— A classificação é tal, mas a gente aqui não é uma assessoria de comércio exterior, a gente é banco. Eu não posso te dar com certeza essa informação. Você precisa pegar esse número e confirmar com o seu despachante, porque é ele que vai liberar a sua mercadoria. Eu estou te dando só uma primeira instrução.

A pessoa agradeceu, muito satisfeita. Parecia que eu tinha respondido certo. E aquelas perguntas foram se repetindo e crescendo. Então, comecei a levar aqueles livrões grossos de comércio exterior para casa para estudar melhor os termos e entender mais as informações, e em pouco tempo já estava "craque" naquilo, conversando na linguagem do mercado.

Todos os dias, às 15 horas, eu ia para o Cacex e ficava atendendo o telefone. E curiosamente, o telefone começou a tocar muito nesse horário, pedindo esse tipo de informação. E eu sempre atendia:

— Alô, boa tarde, Fabiane Masa falando!

Passaram-se uns dois meses, e um dia, quando eu estava ali de telefonista, a gerente do terceiro andar chegou esbaforida e me perguntou:

— Fabiane, o que é Masa?

— Ah... São as iniciais de *menor auxiliar de serviço de apoio*. É minha função.

E mostrei o verso do meu crachá.

— Ai, menina que inventa! E por que você se apresenta assim para os outros?

— Porque a vida das pessoas aqui é muito corrida, e se cada vez que eu atender o telefone eu for falar tudo isso, a pessoa não tem tempo...

— Ah, meu Deus! Mas eu vim te perguntar uma coisa importante. Você conhece um tal de Stéfano da J. Consultoria?

— Não.

— Você nunca falou com ele?

— Eu sempre falo com ele, mas não conheço pessoalmente. Por que você está desse jeito? O que eu fiz agora?

— Fabi, o Stéfano está aqui no banco, e ele nunca veio ao Banco do Brasil. Ele chegou e quer falar com a Fabiane Masa!

— Então eu tenho que ir lá recebê-lo, certo?

— Primeiro eu quero saber o que ele está fazendo aqui. O que você aprontou, Fabiane? O diretor vai matar a gente! Você sempre atendeu o telefone, sempre deixamos você atender, mas só para dizer para as pessoas que estávamos ocupados. O que você está falando para essa gente agora?

— Sabe o que é? As pessoas tinham dúvidas sobre a classificação fiscal das mercadorias e eu comecei a levar esses livros para casa, para estudar. Como eu não tinha estudado geografia direito na escola, eu não sabia direito onde ficavam os lugares. A pessoa falava: *Está vindo um navio do norte, vai descer o rio tal, vai vir da Itália.* Eu levava os livros e ficava descobrindo onde eram os países, ficava estudando para saber de onde eram as mercadorias, onde eram os portos no mundo, de onde poderia vir...

— Ele quer falar com você, então vamos ter que ir lá. Mas olha: dependendo do que ele disser, agora você corre o risco real de ser mandada embora, porque você fez coisas que não deveria fazer e você sabe, porque eu te avisei.

— Tudo bem, você tem razão.

Chegamos para receber o tal Stéfano, e naquele dia eu não estava com o uniforme.

— Fabiane Masa? Parabéns!

— Você está me dando os parabéns por quê?

— Porque todas as vezes que você deu a informação pra gente, ficou muito mais simples para o nosso despachante resolver. Você encurtou um caminho muito complicado, de ter que ficar buscando a informação. Eu vim pessoalmente aqui te agradecer, porque se não fosse você, não conseguiríamos desembaraçar a mercadoria.

A gerente perguntou:

— Ela não fez nada errado?

— Pelo contrário. Deu tudo certo. Ela dá as primeiras instruções, e o despachante, já com esse foco, consulta o restante, porque são números grandes.

Depois do Stéfano, recebi outras visitas de outros empresários, que também tinham sido ajudados.

E era aquilo mesmo que eu queria: ser útil para as pessoas. Eu havia descoberto que quando você tem utilidade para os outros, sua vida pode mudar

A PRIMEIRA GRANDE MUDANÇA

Depois de um ano e meio no banco, a área do Cacex achou que o movimento havia mudado e que eles precisavam de uma menor aprendiz para o departamento. E é claro que eu fui para lá e passei a trabalhar com meu novo chefe, o Ary, gerente da área de comércio exterior. Com dois anos de banco, o Ary um dia me chamou:

— Fabiane, eu conheço sua trajetória aqui e sei da sua dificuldade em usar uniforme. Você não almoça com as meninas e fica atendendo o telefone. Então, vou te dar um voto de confiança e vou assinar um documento que garante que tudo o que você informar e fizer aqui estará sob a minha responsabilidade. Você não precisa ficar perguntando. Você pode atender as pessoas. Mas quero que você me prometa que se for fazer algo que nunca fez, vai vir me perguntar. Combinado?

— Prometo, Ary!

E assim foi. Ajudei muitos empresários a darem entradas em suas guias de importação e exportação, e aprendi muito na minha nova posição. Muito sobre comércio exterior, mas também muito das coisas práticas da vida, sobre as quais eu nunca teria oportunidade de saber. E eu era ávida por aprender, desde como usar garfo e faca apropriadamente, como conversar direito com as pessoas, como falar determinadas palavras sem errar, e até como ter minha própria conta no banco e lidar com cheques (e eu comecei a dar cheque até para comprar pipoca no carrinho da esquina!). E para isso eu precisei aprender também a estar aberta a receber. Tanto coisas materiais quanto imateriais, como ensinamentos.

Nessa época também, quando eu tinha uns 17 anos, eu formava grupos de crianças da minha comunidade, levava-as para minha casa, oferecia suco e bolacha, e falava para elas: "Olha, vocês podem sair daqui, sabiam? Vocês podem mudar a vida de vocês". Elas me perguntavam: "Como?". "Conversando com outras pessoas, abrindo a mente, vendo outras possibilidades." De uma certa maneira, aquilo já era uma semente do que veio a ser, muitos anos depois, a Oliveira Foundation. Mas eu já queria ajudar outras crianças a entender que era possível modificar sua condição.

Para muitos, uma vida sustentável significa tomar café da manhã, almoçar e jantar todos os dias, comer uma pizza no fim de semana, pagar as contas e ter um carro na garagem. Para outros, é ter uma mansão, uma casa na praia e andar de Lamborghini. Não é verdade que todo mundo pode tudo. A medida da capacidade é o que você quer, o que você deseja, o que te satisfaz e o que você suporta sustentar. Tem coisas que são para você e coisas que não são, porque você simplesmente não quer e não se dispõe a pagar o preço de manter.

Uma coisa é certa: todo mundo precisa aprender a aceitar. Todo mundo precisa aprender a receber. Se você não consegue receber coisas na vida, se você não abre espaço para ganhá-las, a riqueza, qualquer que seja o tamanho dela, também não virá. Porque antes de você receber, você precisa aceitar. Se você não sabe aceitar o pouco, você não vai conseguir aceitar o muito.

Além disso, é preciso saber sempre onde você está. Caso contrário, você não consegue traçar a rota para chegar aonde pretende. É como o aplicativo de GPS: o caminho é traçado entre o ponto de partida e o ponto de chegada. Todo mundo pode chegar aonde quiser, mas precisa saber de onde está partindo, com humildade e verdade. Se eu achar que eu já sei as coisas, eu não terei espaço para aprender, crescer e sair de onde eu estou.

E lá no departamento de comércio exterior do Banco do Brasil foram quatro anos de muito crescimento, aprendizado e ganhos. De muita felicidade.

Eu tinha começado a conquistar a vida que eu sempre sonhei.

Até que eu fiz 18 anos e descobri uma triste verdade: o concurso que eu tinha feito era para uma vaga apenas para menores de idade. Quando atingisse a maioridade, eu teria que sair do meu emprego. Pensei que as pessoas poderiam ter a oportunidade de fazer algo para continuar trabalhando e se desenvolvendo ali. Na verdade, até havia outro concurso, mais difícil do que eu havia feito, para pessoas maiores de idade serem selecionadas para trabalhar no Banco do Brasil. Mas não na minha vez. Naquele período, havia acontecido um problema na presidência da instituição, e não seria realizado o concurso para a maioridade. Então, no ano em que eu iria fazer 18 anos, já me avisaram: "Não vai ter mais o concurso para maiores de idade, você vai ter que sair". E eu saí.

Aquele mundo maravilhoso em que eu vivia de uma hora para outra desapareceu e eu fiquei sem chão.

“CADA MEMÓRIA NOSSA TRAZ
SIGNIFICADOS E EMOÇÕES, QUE
IRÃO COMPOR NOSSAS CRENÇAS E
NOSSOS FUTUROS APRENDIZADOS.”

CAPÍTULO 3

UMA IDENTIDADE FRÁGIL

•••

"Não devemos nos ocupar da saúde do corpo antes de nos ocuparmos da saúde da alma. Nenhuma tentativa de curar o corpo deve ser feita sem antes curar a alma. É preciso que se comece por isso. Se a cabeça e o corpo devem ser saudáveis, deve-começar pela saúde da mente, pois esta é a maior influência para a saúde ou para a doença no corpo inteiro."

PLATÃO, *FÉDON*, 67E

A maneira como cada um de nós vê e pensa sobre si mesmo determina quem cada um é. Tudo o que vemos, ouvimos, pensamos e sentimos, de forma real ou imaginada, se transforma em memórias, que ficam armazenadas na nossa mente.

Cada memória nossa traz significados e emoções, que irão compor nossas crenças e nossos futuros aprendizados.

Nossa mente tende a se conformar, a se moldar, ao padrão do pensamento que está à nossa volta, influenciada pelo mundo que nos cerca, pois ela sempre segue a inclinação do que está vendo, do que está ouvindo, do que está sentindo, do que está percebendo. É um modo de se adaptar às condições do ambiente e de tentar sobreviver no grupo em que estamos inseridos.

É muito difícil conquistar algo sem conhecer nosso próprio potencial e nossa própria capacidade, até para quem não nasceu em um ambiente de escassez. Todos nós passamos pelo mundo buscando alcançar muitas coisas, conseguindo satisfação em alguns momentos. Mas a verdade é que não sabemos na totalidade quem nós somos e o que podemos, porque não nos conhecemos e nem sabemos de nossa completa identidade.

Isso faz não sabermos duas coisas em particular: não temos uma certeza estável de qual é o nosso valor e nem uma posição firme sobre nossos julgamentos, ou seja, sobre os nossos princípios. E sem saber de fato quem somos, tendemos a ter uma dificuldade especial em lidar com as críticas externas, sejam elas legítimas ou não.

Ficamos, então, à mercê de as pessoas decidirem se somos ruins ou desprezíveis, e se valemos algo ou nada. E por mais errado, extremo ou maldoso que isso seja, ficamos indefesos diante do tribunal da opinião pública. Com isso, sempre vamos perguntar aos outros se merecemos algo antes de buscar uma resposta dentro de nós.

Por isso, muitas vezes, quando recebemos algo de alguém e nos questionamos: "Será que eu mereço? Mas eu não fiz nada por isso", em geral é porque achamos que quem somos ainda está muito associado àquilo que fazemos e com o resultado que produzimos. E quando perguntamos para outras pessoas, esperamos um veredito. E no fundo sentindo uma fome anormal por elogios externos, achando que os aplausos dos outros vão importar mais dos que os nossos próprios, e mais do que deveriam para a nossa vida.

Quando começamos a nos ver de uma maneira mais generosa, temos a chance de nos defender das críticas destrutivas, dos julgamentos maldosos, e de nos sentir cada vez mais firmes, confiando em nós mesmos, mais do que nas pessoas. E isso faz uma pessoa sentir que talvez possa dizer sim ou não, fazer escolhas, e nem sempre balançar conforme o vento, mas sentir que tem nas mãos verdades sobre si que são essenciais.

Quando nos conhecemos dessa forma, ficamos um pouco menos famintos por elogios, um pouco menos preocupados com uma oposição e muito mais originais em nossos pensamentos. Dentro de tudo isso, começaremos a entender que é preciso mudar, que é preciso renovar a mente, e muitas vezes desapegar de uma visão antiga e cristalizada de um mundo no qual sempre acreditamos, e nos abrir para o novo.

> Por isso, conhecer-se, conhecer a própria identidade, é fundamental. **A identidade é a base de tudo. É importante aprender a saber quem realmente somos** e a sermos generosos e tolerantes conosco do jeito que somos.

Essa é a base do meu trabalho na Oliveira Foundation – da qual falarei mais adiante –, com todos os adultos e crianças das comunidades e escolas públicas com as quais atuamos, e é a causa da falta de uma estrutura sólida que forma uma autoestima capaz de tirar um indivíduo da sua condição e levá-lo para onde ele quiser. De fazer alguém sair de uma situação de extrema vulnerabilidade e prepará-lo para uma vida autossustentável com dignidade.

AS TRÊS IDENTIDADES

Entendo que a identidade é composta por três partes:

IDENTIDADE FÍSICA.

Nossa identidade física está em nosso corpo, e ela aparece a partir do nosso nascimento. Vai mudando conforme você vai se tornando adulto, e identifica quem você é. Você ganha um nome, uma certidão de nascimento com registros de seus antepassados, o local em que nasceu, e depois os outros documentos atestam especificamente quem você é. Toda a sua forma de se expressar com roupas, cabelos, assessórios faz parte de sua identidade física, e permite a você e aos outros identificarem você dentre todas as outras pessoas.

IDENTIDADE EMOCIONAL.

A identidade emocional vai se formando com o passar do tempo, e ela é uma grande parcela do que representamos.

Nós nos expressamos por meio das nossas emoções, daquilo que é importante para nós, do que tem significado, do que é importante ou não. Está ligada às nossas crenças, o conjunto de tudo aquilo que vemos, ouvimos, experenciamos, percebemos e sentimos ao longo da vida e que passa pelos nossos valores, e é única para cada pessoa. É uma parte fundamental da nossa identidade e como nos apresentamos e somos reconhecidos pelas pessoas e por nós mesmos.

IDENTIDADE ESPIRITUAL

A nossa identidade espiritual está ligada à nossa origem, ao nosso Criador, Deus. Somos filhos de Deus. Com a nossa identidade espiritual, podemos trabalhar com a nossa fé, e isso nos permite transformar o meio em que vivemos.

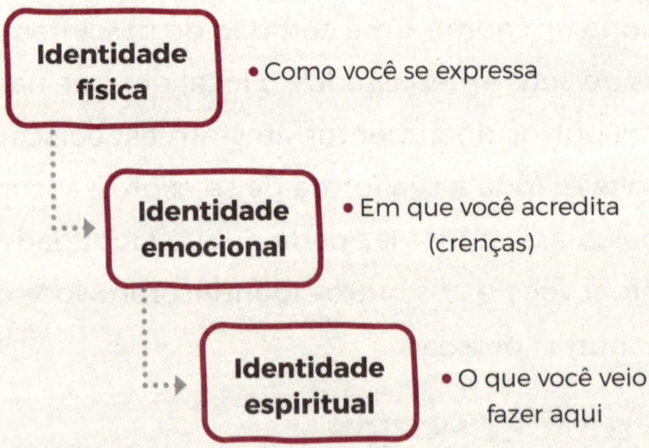

AS IDENTIDADES DISTORCIDAS

Quando falamos da **identidade física**, estamos considerando que você herdou um nome, um sobrenome, um corpo, uma origem familiar, uma genética, um local e uma condição de nascimento que você não escolheu. Com alguns aspectos você terá de lidar ao longo da vida, como a sua genética, por exemplo, e a sua origem. Mas quanto a outros, você poderá, sim, fazer novas escolhas.

Ninguém está condenado a repetir a vida e as escolhas dos pais, dos avós ou dos ancestrais.

Quando olhamos para nossa identidade física, precisamos entender e aceitar o que recebemos porque aquela foi nossa origem. Devemos buscar ser gratos por ter agora a oportunidade de fazer novas escolhas a partir do momento em que estivermos aptos a isso. Devemos ser gratos pela vida dos nossos pais e antepassados, que nos permitiram estar vivos, mas precisamos entender que a vida que nossos pais escolheram para eles pode não ser a que desejamos para nós.

Eu honro meus pais, porém eles sempre foram muito humildes financeiramente. E sei que sempre quis mais, e vi que eu podia mais. E mesmo sendo grata por tudo o que eu recebi, percebi que teria de fazer diferente, multiplicar a prosperidade que eu tinha e ajudá-los.

Quando falamos da **identidade emocional,** talvez ela possa ter sido construída de uma maneira tal que, ao olhar hoje para ela, você constate que não foi equilibrada, que foi equivocada, que existem traumas, falta de perdão, mágoas, problemas, ressentimentos, barreiras e conflitos. Mas é sempre tempo de fazer um redirecionamento, de ressignificar o passado e de entender que ninguém é refém de uma situação. Quando adquirimos consciência, é possível mudar.

> **Quando olhamos para nossa identidade emocional, devemos entender e aceitar o que recebemos, saber que aquele é um ponto de partida, mas estar cientes de que modificá-la é um trabalho permanente.**

E devemos ter em mente que o lugar em que nascemos não define quem somos ou quem queremos ser. E que quem nossos pais são também não define quem somos ou quem queremos ser. Devemos honrá-los, mas precisamos tomar uma decisão do que nós mesmos queremos e necessitamos para a nossa própria vida, que é diferente do que eles quiseram e necessitaram para a vida deles.

É preciso entender que é necessário avaliar sempre isso. Temos de verificar o que fizemos até aqui, o que sentimos até aqui e analisar de onde vem tudo isso. Analisar os sentimentos que não são bons, de incapacidade, de medo, de frustração, e verificar de onde tudo isso vêm e como eles cresceram em nós. Deixar para trás a herança que não nos cabe e ficar somente com aquilo que nos fortalece. E pensar em como podemos mudar isso para fortalecer nossa identidade.

Quando falamos de **identidade espiritual,** estamos considerando todos os talentos e dons específicos e únicos com os quais nascemos, colocados pelo Criador em nós, para que possamos viver nosso propósito e o real motivo da nossa criação. Muitas pessoas se perguntam qual é seu real propósito nesta terra. Quando você foi gerado espiritualmente, nasceu antes de você o propósito, e o Senhor disse: "Para este propósito eu envio você". Você é um ser importante desde o seu nascimento, desde que foi gerado no ventre da sua mãe.

Mas para que você possa viver e desfrutar do que o Pai fez para você, uma vida de paz, de bençãos, de prosperidade, planos de bem e não de mal, você precisa conhecer a sua identidade espiritual. Você vai ter que se fortalecer estudando, lendo e usufruindo de um tempo de qualidade para vivenciar isso. Quando queremos conhecer alguém, nós lemos sobre essa pessoa, ouvimos o que essa pessoa fala, e vamos nos identificar com ela. O mesma precisa ser feito com nossa identidade espiritual. Quando você tem intimidade com quem o criou, começa a acessar os planos dessa criação e passa a entender o seu chamado e propósito com mais clareza.

CONCEITOS PREESTABELECIDOS

Muitas pessoas têm em sua mente conceitos preestabelecidos. Elas cristalizam formas de pensar e acham que essas são verdades absolutas. Isso se manifesta como discriminação, falas preconceituosas, olhares enviesados e mentalidade estreita. Eu mesma passei por duas experiências que ilustram muito isso. Quando fui morar em um condomínio de alto padrão, fui levar meus filhos para brincar na área de lazer do local.

Enquanto eu brincava com meus filhos no parquinho, uma mulher me perguntou se eu trabalhava para alguma das residências

> dali. Ela não conseguia entender que **aqueles eram meus filhos, e não crianças de quem eu estava cuidando.** Isso porque eles são brancos e eu de branca só tenho o "branco" dos olhos.

Outra experiência relacionada a isso aconteceu assim que me mudei para a Califórnia. Fui convidada para um chá da tarde com um grupo de mulheres do qual eu ia começar a fazer parte. Eu estava lá, bem entusiasmada, comendo um salgado brasileiro (quem mora fora do país tem muita saudade das coisas do Brasil), e nesse momento foi servido um prato de um doce. Eu não hesitei: levantei, dei a volta na mesa e fui pegar um pedaço do doce. Logo que eu retornei para meu lugar, a mulher que estava ao meu lado me olhou e disse com uma cara feia:

— *This is disgusting (Isso é nojento).*

Eu perguntei:

— *Do you speak Portuguese? (Você fala português?)*

E ela respondeu:

— Sim, eu sou brasileira. Mas já esqueci muitas palavras

em português, porque já moro aqui na Califórnia há trinta e poucos anos...

Então perguntei:

— Posso falar com você em português? Porque meu inglês ainda não é suficiente para dizer o que eu preciso.

Ela respondeu afirmativamente, então eu perguntei:

— Você falou que o que eu fiz é nojento?

— Sim, é *muito* nojento!

— Então deixa *eu* contar a você uma coisa: tenho um paladar agridoce. Adoro misturar doce com salgado. Mas, se isso a ofende, posso pegar outro prato.

Para quem cresceu, como eu, comendo arroz com banana, é supernatural fazer essa mistura. Achei que já estava tudo bem, mas ela olhou para mim e falou:

— Achei que **eu** estava ensinando a você alguma coisa. Mas já vi que você não aprendeu nada.

Então, olhei bem para ela, para seus olhos, e falei:

— Olha, você me ensinou, sim. Me ensinou que se um dia você for à minha casa, preciso ter dois pratos, porque você não tem o paladar agridoce.

E nossa conversa acabou aí.

Estávamos em doze mulheres na mesa, cada uma olhou para um lado e continuamos conversando. Tudo correu bem, até que fui embora.

Passado um mês, esse grupo me chamou novamente, porque essas mulheres tinham uma mentora que estava indo embora para a Espanha e resolveram me convidar para ser a nova mentora do grupo.

Aceitei e agradeci. Mas fiquei intrigada:

— Quero agradecer, mas nunca me apresentei a vocês como mentora. Por que estão me fazendo esse convite?

— Porque naquele dia, Fabiane, em que nós estávamos no chá, houve uma situação delicada, e você passou por ela com um emocional muito equilibrado. E nós acreditamos que você é a pessoa ideal para nos ajudar.

Nossa identidade emocional nos define para as pessoas. Quando estamos bem posicionados podemos nos livrar de diversas formas de conceitos preestabelecidos.

Naquela situação do chá, em que um hábito meu estava sendo questionado, eu poderia ter me sentido para baixo, poderia ter ficado triste, não ter me sentido incluída, poderia ter ficado revoltada, ter inventado uma desculpa e até ido embora. Eu poderia ter feito várias coisas, mas preciso pensar que, independentemente do que as pessoas estão fazendo para mim, elas só vão encontrar ressonância em mim se eu tiver esse mesmo botãozinho que elas estão apertando.

A pessoa que me provocou com certeza não é alguém estabilizada emocionalmente, não conhece a verdadeira identidade dela, porque quando conhecemos nossa identidade, fortalecemos as outras pessoas e não as diminuímos. Por meio do equilíbrio das emoções, de uma boa apresentação, de eu entender que ela estava me entregando aquilo que possuía, e de eu entender que eu tinha muito mais a entregar, a situação acabou terminando bem, porque quem você é sempre vai aparecer nas coisas que você faz e nos resultados que você obtém.

No fim das contas, o que importa é saber quem você é e qual é o seu valor. Quando você sabe disso, não permite que preconceitos alheios o afetem. Pessoas preconceituosas sempre precisam diminuir os outros para se sentir superiores, mas a verdade é que elas simplesmente não sabem seu próprio valor.

Pessoas com mentalidade fixa, com conceitos preestabelecidos, que não conhecem sua própria identidade sempre precisam **diminuir os outros para se sentir superiores,** mas a verdade é que elas simplesmente não sabem seu próprio valor.

A PERDA E A DISTORÇÃO DA IDENTIDADE

Às vezes, escutamos de algumas pessoas: "Perdi minha identidade". Ou "Estou com minha identidade confusa", "Me perdi de mim mesmo". Quando isso acontece, considere o seguinte:

Sua identidade física parte de uma mãe e de um pai, de dois avôs e de duas avós, e assim por diante. Há uma representação de pessoas. Sua identidade emocional também foi gerada em você por várias pessoas. Sua identidade espiritual também deve ter uma representação. Quem me representa é Jesus Cristo.

Nisso, procuro conhecê-Lo cada dia mais, para que eu possa me aprofundar mais no que Ele planejou para mim, para que eu possa estender meu relacionamento com Ele, para que Ele possa ter um relacionamento comigo. O manual que Ele deixou para mim é a minha regra, é ali que eu vou entender sobre minha identidade espiritual. No meu caso, esse manual é a Bíblia Sagrada.

Minha identidade espiritual me fortalece quando minha identidade pessoal está abalada.

E quando minha identidade física não pode ser o que eu gostaria, olho para minha identidade espiritual e vejo que todas as coisas são possíveis. Mas é necessário cuidar para manter sempre essas identidades em ordem.

Se não cuidamos e não observamos todos esses aspectos, poderemos ter ou até desenvolver uma identidade distorcida, em nós ou até em nossos filhos. É importante que possamos dar atenção a todas essas análises, porque desde que somos crianças também estamos sendo interpretados como agradáveis ou não agradáveis.

Um bom pai, uma boa mãe, sempre vai querer oferecer interpretações generosas aos filhos, sempre vai querer estar do lado do filho, pronto a dar a melhor visão possível em momentos de mau humor ou falhas. Isso forma a base sobre a qual uma autoestima resiliente pode emergir. Esse é o ideal, mas é claro que também pode dar muito errado, e frequentemente dá. Um pai, na melhor das intenções, pode causar uma imagem distorcida para a criança, totalmente fora da realidade.

Vejo muitos pais perguntando aos filhos: "Quem é a criança mais feliz do mundo?". Essa pergunta até inocente pode acabar incapacitando o filho de se conectar com as próprias emoções, pois os pais já estão dizendo que a criança é a mais feliz do mundo. No futuro, essa pode até ser uma forma punitiva de a criança – e o futuro adulto – interpretar a si mesmo.

É muito importante que possamos ver sempre a realidade das coisas e entender que precisamos ter nossa identidade estabilizada.

Temos que estar constantemente corrigindo o problema a cada momento que ele surgir. A criança precisa buscar ajuda de um adulto sábio, gentil, que possa ajudá-la e que possa espelhar quem ela é adequadamente e validar o que ela vê de si mesmo. Porque ela, e todos nós, precisamos nos ver e sermos vistos de forma generosa. Se você não tem essa referência, olhe para sua identidade espiritual.

Ao longo dos anos em que tenho trabalhado com pessoas em extrema vulnerabilidade social, tenho me deparado com jovens de 12, 13 anos, que estão vivendo o crime. "Mas se essas crianças estão vivendo o crime, elas deveriam ser presas", muita gente pensa e até diz. Eu até entendo esses pensamentos, mas trago uma reflexão:

- O que essas crianças viram, ouviram e sentiram ao longo da suas vidas?
- O que sente uma criança de 12 anos, que não tem nada dentro de casa para comer, para vestir, e vai para um farol pedir?
- Será que essa criança se antecipou emocionalmente e se forçou a fazer tudo antes, porque teve que assumir o papel de uma outra pessoa, de um adulto?
- Não será por isso que ela está se vendo pelos olhos dos outros de uma forma deturpada, não como uma criança, mas como um marginal?

Mas ela veio de um lar sem estrutura, com todos desestabilizados, e certamente ela está muito perdida em relação a quem ela é, porque foi obrigada a assumir posições que não eram dela e para as quais ela não estava preparada.

E sua real identidade, suas reais capacidades, suas reais potencialidades, seus sonhos, suas emoções, suas frustrações, seus medos e seus desejos, assim como seus reais propósitos estão ali, escondidos, no fundo do coração daquela criança confusa, amedrontada e faminta de 12 anos.

"OS OLHOS SÃO A CANDEIA DO CORPO,
SE OS SEUS OLHOS FOREM BONS, TODO
O SEU CORPO SERÁ CHEIO DE LUZ."
(MATEUS 6:22)

CAPÍTULO 4

SEM CHÃO, MAS COM CÉU

••••

Quando eu saí do banco, eu já não sabia mais quem eu era. Fiquei muito triste. Mais que isso, entrei mesmo em dias de muita angústia e tristeza. Aquele mundo que eu estava construindo havia acabado de uma hora para outra, desaparecido, e eu teria que voltar para minha antiga vida, sem perspectiva, sem esperança, sem saída, e teria de me relacionar com aquelas mesmas pessoas de antes.

Durante meu tempo no banco, tudo estava melhor: minha família estava comendo melhor, tendo acesso a coisas diferentes, eu estava me relacionando com gente diferente, aprendendo muito, ouvindo histórias diferentes, motivada a trabalhar para mudar de vida mais ainda, vivendo em um mundo com o qual eu sempre tinha sonhado.

Eu estava amuada, quieta, andava pelos cantos, sem saber o que fazer. Minha energia tinha se esvaído. Eu não parecia mais a Fabiane de antes.

CONVERSA SÉRIA COM DEUS

Minha mãe não aguentava mais me ver daquele jeito, tão para baixo. E sendo uma mulher de muita fé, religiosa, um dia ela chegou para mim e falou com toda a seriedade:

— Fabi, não fica assim. Por que você não pede para Deus, para o Senhor, te ajudar?

E eu, cética como era, respondi, incrédula:

— Mãe, você acha que eu sou trouxa? Esse negócio de ficar pedindo tudo pra Deus não adianta! Você pediu sua vida inteira, e olha você aí...

— Filha, não é nada disso! Eu estou falando de um relacionamento com Deus. Você tem que ter o seu com Ele. Se você conseguir falar com Ele do fundo do seu coração, do jeito que você é, eu tenho certeza de que o Senhor se alegrará ao olhar o seu coração.

Eu não dei muita bola, mas aquilo ficou na minha cabeça. Um mês se passou daquela conversa, e um dia acordei e fiquei pensando. Já que eu estava mesmo sem chão, talvez eu devesse dar uma chance e olhar para o céu. E resolvi falar sério com Deus.

Foi assim:

— Olha, a minha mãe sempre me diz que o Senhor existe. E se tudo é do jeito que ela fica falando todo dia pra mim, eu vou pedir o que eu quero, pra ver se isso é verdade mesmo. Eu quero um emprego na área de comércio exterior, igual ao que eu estava trabalhando no banco. Só que eu quero um motorista, viu? O Senhor deve saber que eu não gosto de andar de ônibus, porque os homens ficam "encoxando" a gente. O Senhor sabe o que eu fiz no banco e que eu tenho no meu coração essa coisa de ajudar as pessoas. Eu trabalhei por quatro anos no banco, e com o que eu ganhei eu dei mais presentes para as pessoas do que comprei coisas para mim. E eu não preciso nem falar, porque o Senhor deve saber, não é...?

Uma semana depois, minha ex-chefe ligou para a casa da minha tia Graça, porque não tínhamos telefone, e minha tia foi até minha casa avisar:

— Fabiane, vim aqui trazer um recado da Vera, sua ex-chefe no banco. Um diretor de uma empresa para quem você protocolava umas guias de importação foi até o banco esta semana e queria saber onde você estava. Contaram que você tinha saído, e agora eles querem que você trabalhe pra eles. Você precisa ir fazer uma entrevista de emprego nessa empresa. É para você ligar para esse número aqui e marcar.

E me entregou um papel em que estava escrito o nome da empresa e o telefone.

Eu não acreditei! Comecei a pular de felicidade. Liguei e marquei na mesma hora. A mulher que me atendeu ao telefone falou para mim:

— Anota o endereço, fica aqui no bairro do Engordadouro. Você está onde?

— Na Vila Aparecida.

— Ah, então vai precisar pegar dois ônibus para vir até aqui.

— Dois ônibus?!

— Sim, vou te falar quais são.

Era longe. Se eu tinha falado que não queria andar de ônibus, agora teria de pegar dois. Na verdade, quatro, dois para ir e dois para voltar. Pensei: "Está ótimo. Se é isso que a gente tem, vamos agarrar, porque eu não vou ficar contando história".

VENDO E AINDA NÃO ACREDITANDO

Peguei os dois ônibus como a moça havia me indicado, passei os desconfortos todos e cheguei no Engordadouro, no escritório do Grupo Benassi, uma das maiores empresas de Jundiaí e um dos maiores grupos de comércio de hortifrutigranjeiros da América Latina. Fiz a entrevista e passei, e logo tinha meu segundo registro na minha carteira profissional. Minha nova chefe era a Ana Lúcia.

Fui trabalhar como auxiliar de serviços de comércio exterior, junto com outra moça no Departamento de Comércio

Exterior da empresa, e nós duas, além da minha chefe, éramos as responsáveis por toda importação e exportação do grupo. Fazíamos o acompanhamento de toda a compra das mercadorias, o pagamento das importações, e não falávamos só com o Banco do Brasil, mas agora também com o Itaú, o Bradesco e outros.

Levantávamos as cotações de câmbio, o fechamento de câmbio, o financiamento das importações, que na época aconteciam também pelo Finimp (Financiamento de Importações), acompanhávamos os *hedges* cambiais e as operações para proteger as importações das variações na cotação de moedas estrangeiras, e outras funções do dia a dia do departamento, e eu aprendia muito.

Eu não só havia voltado à vida, como eu tinha entrado em um mundo muito maior e melhor que o do banco. Eu não estava acreditando em tamanha felicidade.

Logo na primeira semana, minha mãe me perguntou:

— Fabiane, você não vai à igreja pra contar que você conseguiu um trabalho por conta da sua conversa com Deus?

E eu fui logo retrucando, ainda cética:

— Lógico que não!

— Como não? Por quê?

— Porque não foi isso o que eu pedi. Eu só recebi pela metade.

— Metade? Mas o que foi que você pediu?

— Não vou te contar também. Porque você falou que era uma coisa do meu coração direto com o coração de Deus. Então, é uma coisa só nossa.

Minha mãe ergueu as sobrancelhas e saiu sem falar, mas desconfio que ela riu.

Depois de algumas semanas em que eu estava no novo emprego, aconteceu a coisa mais inusitada que eu poderia imaginar.

Fui chamada no meio da tarde na chefia e me fizeram um pedido:

— Fabiane, queríamos pedir algo a você. De início até ficamos em dúvida, porque você é muito nova. Mas agora, depois desse tempo que você está aqui, temos mais segurança em fazer esse pedido. Mas fique à vontade para aceitar ou não. É o seguinte: tem um senhor aqui mais velho, que trabalha faz bastante tempo com a gente, que tem 75 anos, e não quer deixar de trabalhar. É o senhor Toninho. Ele vem de Jundiaí dirigindo, e não queremos que ele venha sozinho para o escritório. Você se importaria de vir com ele de carro todos os dias? Na verdade ir e voltar, porque daí você ajuda ele, faz companhia, e não deixa ele sozinho na estrada. E a gente fica mais sossegado.

> **Eu não acreditei quando ouvi aquilo. Era o meu "motorista" sendo enviado! Aquela tinha sido a minha primeira experiência com Deus.**

Era como se Ele dissesse: "O motorista mesmo eu não posso te dar, Fabiane, porque você só tem 18 anos. Mas ser escada para outras pessoas ficarem melhor, isso eu posso dar".

Daquele dia em diante, comecei a ir e voltar do trabalho com o senhor Toninho todos os dias.

A partir dessa experiência, resolvi ir à igreja com minha mãe, porque tinha entendido que havia recebido meu pedido "completo". Ele tinha ouvido e honrado a ingenuidade do meu coração. Era uma igreja evangélica. Mas eu tinha que fazer as coisas diferentes, do meu jeito, claro. No primeiro dia no culto, não me aguentei e falei tudo o que eu queria falar para aquelas pessoas:

— Vou falar algo sério para vocês. Eu acho uma palhaçada o que acontece aqui. Porque vocês ficam gritando na cabeça da gente! Vocês assustam, não sabem falar com as pessoas!

A minha mãe queria um buraco para se esconder! Criei uma verdadeira revolução ali. Mas depois de um ano, eu já havia me tornado professora da escola bíblica para as crianças. Arrumei um uniforme para elas, queria deixá-las arrumadas, bonitas, tudo certinho (mais uma vez, era eu ensaiando para a Oliveira Foundation!). E não só trabalhava com as crianças. Eu sempre fui muito boa com as palavras, sempre tinha algo a dizer, uma motivação, para alguém que estivesse precisando.

Assim como eu fazia no banco, eu também me dedicava, quando necessário, às filhas da minha chefe Ana Lúcia nos fins de semana. Também escrevia cartas para os padres da paróquia, a pedido da vó Angelina, que era a matriarca da família Benassi, às vezes dormia na casa da dona Tereza, mãe da Ana Lúcia, que sempre tinha um quarto cheiroso, e fazia um misturadinho de arroz, feijão e ovo para mim fresquinho e delicioso, e aprendia mais sobre a vida e o mundo. E ao longo do tempo, fui cultivando um relacionamento cada vez mais forte com Deus.

“CRENÇAS SÃO TODAS AS PROGRAMAÇÕES MENTAIS ADQUIRIDAS COMO VERDADE DURANTE TODA A NOSSA VIDA. ELAS INFLUENCIAM NOSSOS PENSAMENTOS, COMPORTAMENTOS E ATITUDES. NOSSAS CRENÇAS SE ESPELHAM NA NOSSA VIDA.”

CAPÍTULO 5

A MUDANÇA COMEÇA PELAS CRENÇAS

• • • •

Porque, como imagina em sua alma,
assim ele é; ele te diz: Come e bebe; mas o
seu coração não está contigo.

PROVÉRBIOS 23:7

Com tudo o que aconteceu comigo, eu poderia ter assumido o papel de vítima da vida. Pela pobreza da minha infância, por ter que negociar com o rapaz para que só cortasse o fornecimento de água e luz na minha casa mais tarde, pela escassez que eu enfrentei em tudo etc. E eu poderia me sentir chateada, triste, frustrada, revoltada.

Hoje, tudo isso me fortaleceu e me ajudou a construir a pessoa que eu sou: uma boa negociante, uma mulher esperançosa, que acredita que as coisas vão dar certo, uma líder que sempre busca uma solução, uma estudiosa que procura respostas e sempre está disposta a aprender.

A lição que se pode tirar disso é que não importa o que aconteceu na minha ou na sua vida, o que vale é o significado que se pode dar a tudo o que ocorreu. Qual é o significado que você quer dar para os fatos da sua vida? Algo que vai fortalecer você ou algo que vai frustrá-lo? Algo que vai impulsioná-lo ou algo que vai colocar você para baixo? É você que dá o significado, é você que tem essa escolha. Nessa área, você é o capitão da sua vida, é você quem decide a direção do leme, é você que diz para onde, ou seja, quais serão as emoções e os sentimentos que serão armazenados e trabalhados na sua mente.

A dor sentida em uma experiência existe, isso é inegável, e vale para todos, para mim e para você. Sentir dor com uma perda, com uma frustração, com uma injustiça, com uma agressão, com um erro etc. é natural e legítimo. Porém, o sofrimento é uma escolha. E com essa escolha precisamos ter responsabilidade.

Somos nós que vamos optar sobre o que fazer com tudo o que tem acontecido conosco: dar um significado produtivo, amplo, inspirador, de aprendizado, ou pautar esse significado em vitimismo ou reclamação. O que fazer? A escolha é sua e eu convido você a optar pelo melhor. A maneira de escolher o significado que você vai dar para um acontecimento da sua vida está profundamente ligada às suas crenças.

O QUE SÃO CRENÇAS

E o que são crenças? Crenças são todas as programações mentais adquiridas como verdade durante toda a nossa vida. As crenças podem ser impulsionadoras, assim como limitadoras para nossos passos.

Crenças são todas as programações mentais adquiridas como verdade durante toda a nossa vida.

Como já citei, a identidade emocional é formada basicamente pelo que acreditamos, ou seja, pelo conjunto de nossas crenças. Em resumo, é nossa identidade emocional que vai nos guiar para dar um significado impulsionador ou limitador para um acontecimento na vida. Para uma resposta de vítima ou de aprendizado. Lembra o exemplo do chá do grupo de mulheres na Califórnia? Eu poderia me vitimizar ou poderia me fortalecer.

Um exemplo do que é crença: imagine que você comprou um computador caro, muito potente, com um processador rápido, muita memória, bem adequado para suas atividades e necessidades. Quando você vai usar, percebe que os programas instalados não funcionam para você fazer seu trabalho. A máquina é boa, de qualidade, mas os programas instalados nele não permitem que o computador tenha seu melhor desempenho. Você fica frustrado, com raiva até, porque pensou que estava tudo bem, que ia conseguir trabalhar, e agora você descobre que gastou dinheiro e não consegue o que precisa.

O que fazer nessa situação? Pare, respire e entenda que, assim como o computador, às vezes também estamos bem fisicamente, somos saudáveis, inteligentes, adequados, mas existe uma programação mental que foi tomada como verdade ao longo da nossa vida e que talvez não seja verdadeira, independentemente das evidências. É apenas um conjunto de suposições que fazemos sobre o mundo.

Não adianta ser inteligente, sadio, bonito e fisicamente saudável se sua programação mental não estiver condizente com sua máquina. Se não estiver de acordo, certamente você não irá "funcionar", avançar, dar resultado. Você precisa atualizar os programas e aplicativos para uma versão mais nova, diferente, que traga os resultados que você precisa. Você precisa mudar suas crenças, para que elas não limitem você, sua vida e seu funcionamento. Para que elas permitam os resultados, as atitudes e os comportamentos necessários para que você possa usufruir de uma melhor qualidade de vida.

AS TRÊS CRENÇAS-CHAVE PARA O SUCESSO

Temos crenças relacionadas a tudo, mas as relacionadas a nós mesmos dizem respeito à nossa identidade (raiz), à nossa capacidade (caule) e ao nosso merecimento (frutos)

- **Crenças de identidade:** são como a nossa raiz mais profunda, o que dá base para a qualidade da sua vida. Nela está nossa percepção sobre nós mesmos, sobre nosso valor próprio. Dizem respeito a quem acreditamos ser.

- **Crenças de capacidade:** são a nossa sustentação, nosso "caule", e dizem respeito ao que acreditamos ser capazes de fazer ou de aprender a fazer. Ditam nosso potencial de realização.
- **Crenças de merecimento:** são a junção da nossa raiz mais profunda, forte e firme, acreditando em nosso valor, com nosso caule, alinhado e acreditando na nossa capacidade, que constroem nossa crença de merecimento. Quando não temos segurança de quem somos e do que podemos fazer, nosso merecimento deixa de existir.

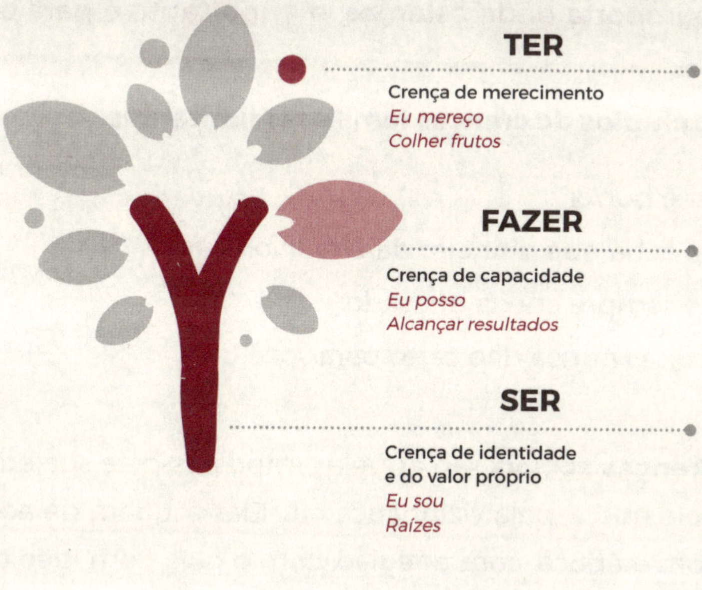

ORIGENS DAS CRENÇAS

As pessoas costumam ter três tipos de crenças, de acordo com sua origem: familiares, sociais e pessoais. Podem sempre ser fortalecedoras ou limitantes.

- **Crenças familiares** são aquelas com as quais a pessoa cresce e que se originam na sua família e se formam junto com ela.

Exemplos de crenças familiares fortalecedoras:

"A situação não está muito boa, mas juntos nós venceremos."
"Se ficarmos unidos e trabalhando, vamos chegar aonde queremos."
"Não importa onde estamos, o importante é para onde vamos."

Exemplos de crenças familiares limitantes:

"Você é burro!"
"Você acha que dinheiro dá em árvore."
"Você sempre chega atrasado!"
"As coisas nunca dão certo para você!"

- **Crenças sociais** são aquelas impostas pela sociedade, pela mídia, pela vizinhança etc. Elas mudam de acordo com a época, com a região, com o país, com ideologias etc. Em geral são limitantes.

Exemplos de crenças sociais:

"Segunda-feira não é um bom dia."

"Os ricos sempre são felizes."

"Bandido bom é bandido morto."

- **Crenças pessoais** são aquelas que são fruto de algo que aconteceu individualmente com alguém, de ruim ou de bom, e que a pessoa repete como se fosse uma verdade absoluta e até propaga. Cada pessoa tem suas crenças limitantes ou fortalecedoras. Exemplos:

"Não existem amizades sinceras fora do país."

"Homens sempre traem."

"É muito difícil se adaptar a culturas totalmente diferentes."

"Se eu estudar muito, tudo vai dar certo."

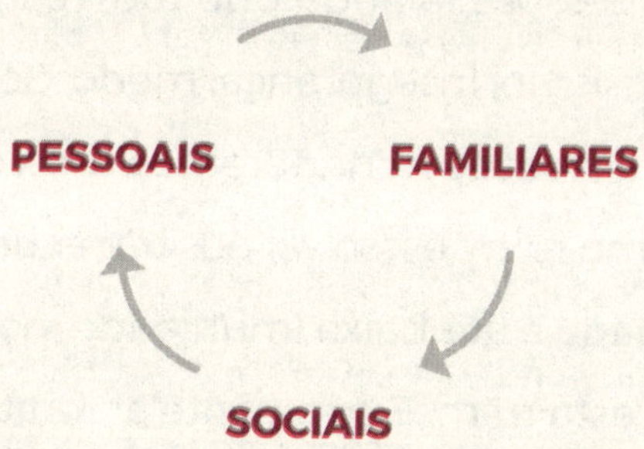

I PROPAGAÇÃO DE CRENÇAS

"Porque como imaginou no seu coração,
assim ele é"
PROVÉRBIOS 23:7

CRENÇAS PASSIVAS •

As crenças podem se propagar de modo passivo em nossa mente. Aquela conversa que você fica ouvindo quando alguém está falando, contando que está com medo quando foi para determinado lugar, que foi horrível, que não foi bom, que todo mundo viajou para aquele lugar e não se deu bem... Se ficarmos ouvindo repetidamente sobre isso, pode ter certeza de que isso vai gerar algo dentro de nós.

Quando olhamos para tudo o que está acontecendo hoje, se ouvimos as pessoas falando que tudo está muito difícil, sentimos nervosismo, insegurança, medo. Se ficarmos concentrados em emoções ruins, teremos uma crença de que tudo está mesmo ruim, e isso vai nos trazer uma debilidade, tristeza, ansiedade e até baixa imunidade. porque acreditamos que tudo está ruim. E se a gente acredita, a gente vive, porque as nossas crenças são autorrealizáveis.

> Se ficarmos concentrados em emoções ruins, teremos uma crença de que tudo está mesmo ruim, e isso vai **nos trazer uma debilidade, tristeza, ansiedade** e até baixa imunidade.

FORMAÇÃO DE CRENÇAS

MATRIZ PASSIVA

COMUNICAÇÃO RECEBIDA

É importante que você não só tenha conhecimento do que são as crenças e como elas se formam, mas da responsabilidade de pensar de maneira correta naquilo que você vê, ouve e sente. Porque muitas vezes avaliamos de forma errada o que estamos pensando. Olhamos com os olhos da face, mas na verdade estamos olhando com os olhos da mente.

Um exemplo: imagine que você está de frente para o computador vendo um vídeo sobre os parques da Disneyworld e você nunca esteve lá. Mas está assistindo e vendo que tudo é lindo, que as pessoas estão sorrindo, alegres, se divertindo. Então, você fecha os olhos e continua somente com o áudio. Risos, gritos, empolgação, alegria... Que pensamento vêm na sua mente? Qual é a imagem? Provavelmente que a Disney é um lugar alegre, em que as pessoas estão felizes. Quando eu vejo as pessoas felizes, logo sinto alegria, e mesmo que eu não tenha ido até a Disney, a imagem que uma crença assim gerará em mim é que a Disney é um lugar maravilhoso, um local ótimo, porque eu vi, ouvi e senti. Muitas pessoas também já me falaram sobre isso, o que reforça a crença de que a Disney é boa. E assim acontece por meio de filmes, de livros e de tudo o que a gente relaciona de forma ativa ou passiva.

Os olhos são a candeia do corpo, Se os seus olhos forem bons, todo o seu corpo será cheio de Luz.

MATEUS 6:22

É preciso que as coisas que ouvimos, vemos e sentimos tenham qualidade. É preciso que as pessoas com quem nos relacionamos, que os livros que lemos, que as coisas em que colocamos foco tenham qualidade. É necessário que o dia tenha qualidade, que as horas que passamos acordados, das quais nos dedicamos a ver, ouvir, sentir e falar coisas, que essas sejam boas. E para que falemos essas coisas, para que vivamos essas coisas, precisamos nos relacionar com elas. Precisamos consumir aquilo que é bom, que é agradável, para que isso possa gerar em nós as melhores sementes. Preciso lembrar que sou responsável pelos meus resultados, e isso diz muito a respeito da qualidade da semente que utilizo.

Nosso cérebro não distingue o que é real do que é imaginado.

Nosso cérebro não distingue o que é real do que é imaginado. Ele assimila muito a partir de repetições. Se estou repetindo algo todos os dias para mim, isso vai gerar uma crença. Se eu começo a ouvir uma música de tristeza, de solidão, todo dia, isso vai gerar em mim um sentimento de "realmente aconteceu", ou seja, o que eu estou ouvindo só vai ativar em mim coisas ruins, e vou lembrar de coisas que são parecidas com as que eu estou ouvindo ou vou gravar em mim algo que não é bom.

É sua responsabilidade semear as melhores sementes em você todos os dias para que possa crescer e se dar frutos da melhor qualidade para que possa atingir os seus objetivos.

CRENÇAS ATIVAS

As crenças podem se propagar de modo ativo. É quando as pessoas passam para a frente sua crença. Você já ouviu a expressão daquelas pessoas que mentem tanto que elas mesmas passam a duvidar se aquilo é mentira ou verdade, porque já replicaram tantas vezes que ficam confusas, nem elas sabem se é verdade ou mentira.

Isso também pode acontecer quando partimos de uma premissa que não testamos, de uma experiência que não tivemos, e começamos ativamente a dizer, a comunicar, a falar, a passar para a frente. No caso do exemplo da Disneyworld, pode ser que eu nunca tenha ido à Disney, mas vi, ouvi e senti que lá as pessoas são felizes, que lá é um sonho.

Então passo a replicar isso para todas as pessoas que me perguntam: "Fabiane, o que acha da Disney?". Eu respondo: "A Disney é ótima, a Disney é legal, um sonho, as pessoas lá são felizes". Eu nunca fui à Disney, mas como vi, ouvi e senti, eu falo. Essa é uma comunicação boa, porque estou com um sentimento bom, gerando felicidade, está tudo bem. Mas e quando essa comunicação, essa semeadura, é ruim?

FORMAÇÃO DE CRENÇAS

MATRIZ ATIVA

COMUNICAÇÃO EMITIDA

PENSAMENTOS

PALAVRA E ATITUDES

Quando me mudei para os Estados Unidos, ouvi muita gente contando das experiências delas, que são referentes à vida delas, mas que não eram para mim. Eram falas do tipo: "Viver nos Estados Unidos é difícil, a cultura é complicada, você vai ter um choque de realidade". Mas nada disso valia para mim. Além disso, havia algumas pessoas que me falavam isso e que nunca tinham tido uma experiência de morar fora do país, ou seja, nunca haviam vivenciado isso, mas me falavam como uma verdade. É assim que essa crença se propaga. Alguém pega tudo o que ouviu, sentiu e viu e comunica insistentemente. Essa é a matriz ativa de crenças.

Sabe quando você tem uma referência boa de uma música, que ouviu em uma ocasião muito boa, e que deixa você animado? De repente, em outra situação, começa a tocar essa mesma música, e você tem aquela sensação boa de novo, da sua referência. E quando vai comentar com alguém perto de você e diz: "Essa música é **uau**, ela é genial, ela me coloca para cima", essa outra pessoa pode estar escutando a mesma música e não compartilhar do seu sentimento, porque não tem essa referência.

É assim que as matrizes se formam, sejam elas boas ou ruins, e é por isso que eu chamo a atenção para que você possa controlar aquilo que fala, aquilo que sai da sua boca, porque a comunicação é o início para a geração das nossas crenças ativas.

> Na matriz passiva, eu posso **ver, ouvir, sentir e guardar.** Na matriz ativa, eu **pego tudo o que eu tenho e comunico.**

COMO PERPETUAMOS NOSSAS CRENÇAS

Se você só guarda coisas ruins, isso vai gerar uma comunicação ruim. Você já ouviu falar que todo agressor foi agredido? Aquela pessoa que grita, que se descontrola, que fica nervosa, provavelmente tem essas matrizes, essas referências. Assim como ela comunica, assim é como ela está funcionando.

Eu comunico raiva porque estou funcionando com raiva. Eu comunico medo porque estou funcionando com medo.

É muito importante, portanto, mais uma vez, tomar cuidado com nossa comunicação, com aquilo que ouvimos, vemos e sentimos, todos os dias e de forma repetida. Vamos assumir que todos os fatos que acontecem na nossa vida são resultados que podem ser reunidos para uma transformação. Esses resultados às vezes são agradáveis, às vezes não são, mas juntos eles podem compor uma boa história.

Eu desejo que as nossas crenças possam ser reavaliadas sempre e, quando necessário, ressignificadas para que você e eu possamos tirar o melhor de tudo isso na vida.

SUAS CRENÇAS GERAM SEUS RESULTADOS

CRENÇAS SE TORNAM VERDADE NA SUA VIDA

CRENÇAS SÃO AUTORREALIZÁVEIS

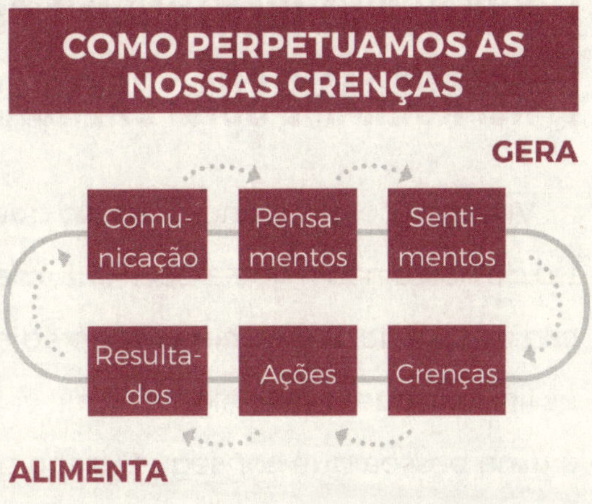

Minhas memórias foram construídas em cima de "se há um problema, nós podemos vencê-lo. Se nós tivermos união, se nós tivermos um bom relacionamento, nós iremos sair de qualquer situação". Hoje, em tempos de dificuldades, minha crença me diz que se estivermos juntos, se estivermos apoiando uns aos outros, não há dificuldade que nos vença, pois podemos conquistar todas as coisas, e podemos ser gratos todo o tempo pelo alimento, por aquilo que nós temos, seja muito ou seja pouco.

Avalie as suas crenças e trabalhe para que elas sejam fortalecedoras em sua vida, e não limitantes.

PRÁTICA DE IDENTIDADE EMOCIONAL 1: REPROGRAME SUAS CRENÇAS

Vivemos nossas crenças, aquilo que realmente existe dentro de nós, e não o que a boca fala, mas aquilo do que o coração está cheio. Se seu coração acredita que você vai alcançar os limites, que você é alguém que vai transformar, que você é uma pessoa que consegue usar o pouco para fazer muito, que através de você a multiplicação pode acontecer, seja em palavras, seja em atos, no que for, você será uma pessoa multiplicadora, você será uma pessoa da qual muitas outras vão querer estar junto, porque você faz a diferença.

O que é que vive dentro de você? Quais são as crenças que fortalecem sua vida? Hoje você está vivendo suas crenças, aquilo que você acredita. Se aquilo em que você acredita não está resultando no melhor, não está sendo tudo aquilo que você deseja exteriormente, é hora de reprogramar suas crenças e mudar o cenário. Quero propor exercícios para que você conheça melhor sobre você mesmo, sobre suas crenças, sobre o que você quer manter e sobre o que quer eliminar. Responda honestamente:

CRENÇAS SOBRE VOCÊ:

- Quem é você?
- Você crê que é feliz?
- Você se vê inteligente?
- Você se vê próspero?
- Você crê que é uma pessoa grata?
- Você crê que é uma pessoa abençoada e abençoadora?
- Você crê que através de você grandes coisas ainda serão feitas para a transformação da sua vida?
- Você crê que através de você grandes coisas ainda serão feitas para a transformação da vida dos que o cercam?

- Qual é sua imagem e o que você crê que você é?
- Suas crenças o impulsionam ou o paralisam?

VOCÊ PODE ESTENDER ESSE EXERCÍCIO PARA AS PESSOAS E PARA O EXTERIOR:

- Como você imagina as pessoas?
- Como você vê seu trabalho?
- Como você imagina suas metas?
- Onde você imagina chegar?
- Onde você está e para onde você quer ir?

ELIMINE AS CRENÇAS QUE NÃO SERVEM MAIS:

Preste atenção em tudo o que já ouviu, viu, sentiu, e também no que ouve, vê e sente agora. Com responsabilidade, verifique o que é bom para você reter e o que você precisa eliminar. O que dessas experiências que você vivenciou e sentiu, de forma real ou imaginada, você não precisa e nem deve levar para a frente, porque elas têm impedido você de ter uma vida mais livre, mais leve e feliz? Entenda, escreva, conheça e elimine.

- Das crenças familiares, quais você precisa eliminar?
- Das crenças sociais, o que não está fazendo bem a você?
- Das crenças pessoais, o que não serve mais para sua vida?

DESCUBRA QUAIS SÃO SUAS CRENÇAS LIMITANTES QUE ESTÃO FORMANDO SUA IDENTIDADE EMOCIONAL HOJE:

Elas foram desenvolvidas com o tempo e você precisa descobrir quais delas impedem que você faça alguma coisa importante. O melhor jeito de fazer isso é escrevendo e refletindo.

ENCONTRE A CAUSA DO SEU PENSAMENTO.

Saber o porquê dessa crença é uma maneira importante de se livrar desse pensamento. Pode ser um acontecimento traumático, uma situação desagradável. Porque como eu penso, eu comunico.

TRANSFORME A CRENÇA LIMITANTE EM CRENÇA FORTALECEDORA:

Essa técnica é muito eficaz. Escreva suas crenças limitantes em um papel e, em seguida, escreva uma crença que a contradiga. Por exemplo: "Não tenho uma mentalidade criativa" pode se tornar "Exercito todos os dias minha mente com ações práticas e não só palavras e pensamentos porque sou uma pessoa criativa". Internalize esse exercício, seja escrevendo ou falando para outras pessoas. Com o tempo, é possível que ela vire sua crença definitiva e ajude na sua busca pelos seus objetivos.

ASSINALE ABAIXO AS CRENÇAS NEGATIVAS QUE ESTÃO PRESENTES NA SUA VIDA:

A seguir, verbalize e reescreva cada uma dessas crenças que você assinalou, mas na sua forma positiva. Repita suas verbalizações pelos próximos 30 dias, no mínimo. Lembre-se de que as suas palavras são sementes, escolha boas palavras para lançar sobre todas as áreas da sua vida. E se você tem filhos, use palavras de bênção sobre a vida deles e ensine-os a fazer o mesmo.

1. Você não serve para nada ( )
2. Dinheiro não dá em árvore ( )
3. Tem que trabalhar duro para conseguir algo na vida ( )
4. Dinheiro não traz felicidade ( )
5. Eu vivo para pagar contas ( )
6. O dinheiro nunca chega até o fim do mês ( )
7. Dinheiro foi feito para gastar ( )
8. Mais fácil um camelo passar pelo buraco da agulha que o rico entrar no céu ( )
9. Ricos são desonestos ( )
10. Você nunca vai conseguir isso ( )
11. Estude muito, arrume um bom emprego, se quiser ter algo na vida ( )
12. Realizar esse sonho, só se ganhar na loteria ( )
13. Filho de pobre vai morrer pobre ( )
14. Trabalhe por 35 anos ou mais e terá direito à aposentadoria do INSS ( )
15. Dinheiro é sujo ( )

16. A única forma de conseguir minha casa própria é financiando em 30 anos ( )

17. Você é burro ( )

18. Se pagar todas as contas e no fim do mês não sobrar nada, se dê por feliz ( )

19. Sou pobre, mas honesto ( )

20. Dinheiro não é importante para mim, saúde e amor sim ( )

21. Dinheiro é a raiz de todos os males ( )

22. A maioria dos ricos fez algo desonesto para obter a riqueza ( )

23. Ficar rico exige muito trabalho e luta ( )

24. Não me sinto "bom" o suficiente para ficar rico ( )

25. Ficar rico é uma questão de sorte ou destino ( )

26. Se eu enriquecer, certas pessoas não vão mais gostar de mim ( )

27. Se eu tenho muito dinheiro, significa que alguém tem muito pouco ( )

28. Ter dinheiro em excesso significa que eu sou ganancioso ( )

29. Eu não sou bom em matéria de dinheiro e finanças ( )

30. Se eu ganhar muito dinheiro, provavelmente vou perdê-lo ( )

31. Se eu lutar pela riqueza e não conseguir, vou me sentir fracassado ( )

32. Não tem como buscar riqueza e ser feliz e realizado ao mesmo tempo ( )

33. Sem sofrimento e perdas, não há ganhos ( )

34. Não dá para ficar rico fazendo aquilo que você ama ( )

35. Observando meu passado, não tenho como almejar mais do que já tenho ( )

36. Gostaria de não ter que lidar com dinheiro ( )

37. Não preciso cuidar do meu dinheiro porque não tenho quase nada ( )

38. As melhores oportunidades na minha vida já passaram ( )

39. Sou velho demais para isso ( )

40. Segurança financeira vem de um bom emprego e um bom salário ( )

41. Pessoas que têm bastante dinheiro não são felizes ( )

42. Não é justo eu ter muito quando outros não tem nada ( )

43. Não gosto de assumir responsabilidades ( )

44. Se for rico em amor, saúde e felicidade, você não precisa de dinheiro ( )

45. Se eu pedir ajuda, vão me achar fraco ( )

46. Posso fazer tudo sozinho, não preciso de ninguém para me ajudar ( )

47. Não sou merecedor de boas coisas ( )

48. Investimentos são para pessoas ricas, não é o meu caso ( )

49. Vou morrer endividado ( )

50. Eu nem sei o que realmente quero ( )

"JÁ NESSE PRIMEIRO ENCONTRO,
ELE ME CONTOU TODA A VIDA DELE
E TUDO SOBRE A FAMÍLIA DELE.
– POR QUE VOCÊ ESTÁ ME
CONTANDO TUDO ISSO?
– PORQUE EU VOU ME CASAR COM
VOCÊ, FABIANE. NÃO QUERO QUE DEPOIS
VOCÊ DIGA QUE NÃO SABIA DE NADA."

CAPÍTULO 6

PROGRAMANDO O FUTURO

••••

No final do ano 2000, decidi que queria estudar comércio exterior em uma faculdade, e aquilo seria fundamental para um dia eu ter minha própria empresa e alçar voos mais altos. Queria ter certeza de que estava preparada para ter meu próprio negócio sendo formada no assunto. Só que havia um problema. Apesar de eu ter terminado o Ensino Fundamental enquanto ainda estava no Banco do Brasil, eu não havia terminado o Ensino Médio. Com o trabalho intenso no Grupo Benassi, a melhor solução naquele momento seria fazer um supletivo.

E assim eu fiz. Cursei o supletivo no Colégio Nova Etapa, em Caieiras, e mais uma vez trabalhava de dia e estudava à noite. Consegui meu diploma de Ensino Médio e, no ano seguinte, 2001, entrei numa faculdade da minha cidade, que na época se chamava Instituto Japi e hoje é a Universidade Anhanguera Pitágoras de Jundiaí, no curso de Administração de Empresas com ênfase em Comércio Exterior.

No começo da faculdade, eu não tinha dinheiro para pagar as mensalidades. Meu salário era bom, mas não o suficiente para arcar com todas as despesas. Eu tinha dado entrada em um carro e financiado em 60 meses, então havia também as parcelas dele para pagar. Então comecei a pedir ajuda aos meus amigos de classe, que me emprestavam dinheiro do cartão de crédito para que eu pudesse continuar estudando. Eles sacavam do crédito que tinham e eu pagava no mês seguinte, e ia rolando dívidas. Eu sabia que não era o ideal, mas não desistiria do meu sonho.

Em uma das matérias que cursei, tive que criar uma empresa. Então criei a Proseftur, uma assessoria de comércio exterior. O nome era um acrônimo de "PROgramando SEu FuTURo". Quando apresentei, o professor me perguntou:

— Essa empresa existe?

— Não, mas é uma empresa que eu tenho na minha cabeça, e que eu poderia fazer para ajudar as pessoas.

— Se ela existisse, compraria o seu trabalho. Porque você apresentou bem direitinho e defendeu bem sua ideia. Parabéns!

I TODOS OS DIAS, ÀS 11 HORAS

No mesmo ano em que entrei na faculdade, um dia fui para São Paulo para passar a madrugada na fila da Receita Federal para pegar uma senha de atendimento logo que abrisse, de manhã, no dia seguinte. Era uma estratégia para pegar as primeiras senhas. Na verdade, eu tinha ido para ajudar o contador da Benassi. Eu passaria a noite lá para ele e, de manhã, na hora em que abrisse, ele chegaria e já seria um dos primeiros a serem atendidos. Ele já era mais velho e eu ficava com pena de deixar um senhor passar a madrugada ali. Eu era nova ainda, poderia fazer aquilo. Antigamente, você tinha que pegar aquelas senhas pessoalmente e ficar na fila durante horas.

Lá pelas 2 horas da madrugada, eu estava conversando com uma moça que estava na minha frente, e vi que um rapaz atrás de mim estava prestando atenção na nossa conversa. Era um office boy que também estava lá para pegar uma senha.

No dia seguinte, já de volta ao escritório, toca o telefone e é um tal de Thiago querendo falar comigo. Era o office boy! Ele havia ouvido que eu trabalhava na Benassi, ouviu meu nome, pesquisou todos os telefones das sedes do Grupo – Jundiaí, São Paulo, Belo Horizonte, Rio de Janeiro e Curitiba – perguntando por Fabiane, até que me achou. E já foi dizendo:

— É que eu nunca gostei de ninguém, mas gostei de você, da sua fala, e quero namorar você.

— Menino, você está maluco, é? Nem pensar!

Porém, ele começou a me ligar todos os dias, sempre no mesmo horário, às 11 horas da manhã. Eu estava achando tudo muito estranho, mas ele era educado, eu atendia. Não dava muito papo e desligava rápido. Um dia, ele demorou para ligar. Já eram 14 horas e ele não tinha ligado ainda, e eu fui ficando desesperada, preocupada mesmo.

Até que o telefone tocou:

— Você ficou nervosa porque eu não tinha ligado ainda, né?

— Não, imagina!

(cof cof)

— Eu não liguei antes porque fui viajar com meus tios, vim pra praia, cheguei só agora...

A partir desse dia, começamos a conversar de verdade e a se conhecer. Um mês depois de nos falarmos diariamente, eu tinha que ir ao escritório de São Paulo e combinamos de nos encontrar. Ele chegou muito diferente, todo arrumado, com cabelo cortado (sem o boné e aquela roupa desgrenhada do dia da fila). Veio me apanhar com o Monza do pai dele.

Já nesse primeiro encontro, ele me contou toda a vida dele e tudo sobre a família dele.

— Por que você está me contando tudo isso?

— Porque eu vou me casar com você, Fabiane. Não quero que depois você diga que não sabia de nada.

Naquele dia mesmo começamos a namorar. Logo depois, ele quis ir à minha casa conhecer meus pais. E hoje estamos prestes a fazer bodas de prata.

Bem do início do nosso relacionamento, eu ficava me questionando se o Thiago era mesmo a pessoa certa para mim. Ele não tinha um relacionamento com Deus, ia à igreja apenas em ocasiões especiais. Mas eu sabia que, se quisessemos construir uma vida juntos, teríamos que estar em sintonia em todos os aspectos.

Fomos dando um passo de cada vez. Dei a ele uma Bíblia, para que ele pudesse ter um guia, uma base para conhecer a minha fé. Depois, sonhávamos juntos em ter um cartão de crédito sem limite, para podermos comprar o que quiséssemos. Mas isso era apenas um sonho material.

O que realmente importava era o que queríamos construir juntos, e **sempre olhávamos para o mesmo horizonte, muito alinhados** em nossos planos, desde o desejo em ter filhos e formar uma família até o de empreender.

Hoje, depois mais de duas décadas juntos e três filhos, olho para trás e vejo que fiz a escolha certa ao me casar com Thiago. Encontrar alguém com os mesmos objetivos e visão de futuro é fundamental para construir um relacionamento duradouro e feliz. O Thiago sempre trouxe ação e visão de dias melhores para nós.

ANDANDO COM AS PRÓPRIAS PERNAS

Depois de quase sete anos trabalhando no Grupo Benassi, em 2002, tive outra experiência espiritual muito forte durante um tempo de qualidade meditando na palavra de Deus. O trecho era:

"Ainda que o mar não se abra, você vai andar sobre as águas, porque essa é a minha vontade."

Essa frase tocou meu coração profundamente. Foi como uma revelação para mim, e senti que era hora de tomar uma decisão importante em minha vida.

Apesar das dificuldades financeiras, nunca deixei de lado a minha fé. Acreditava que eu tinha um propósito e que Deus me guiaria no caminho certo.

Cheguei ao meu trabalho e falei para minha chefe que meu tempo ali estava finalizando, e que eu precisava sair. Ela ficou surpresa e achou loucura da minha parte, porque eu estava em um emprego estável e não tinha planos concretos para o futuro. Mas eu sabia que tinha que dar um passo de fé e confiar em Deus. E houve muitos questionamentos:

— Fabiane, você esqueceu que tem que pagar seu carro parcelado em 60 vezes? Você está doida, menina?

— Eu sei disso, mas sou muito fiel àquilo em que eu acredito. E eu tive um sentimento muito forte, foi uma revelação de Deus. Eu acredito que preciso sair, então vou fazer isso.

— E como você vai fazer?

— Vamos fazer um combinado: eu fico aqui até você conseguir outra pessoa.

— Mas, Fabi, isso não existe, Deus não fala isso para os outros.

— Eu entendo o que você está falando, mas acredito também naquilo que sinto e é isso que busco. Eu acredito que existe um Deus que cuida de nós.

Durante essa conversa que eu estava tendo com Ana Lúcia, Nivaldo, o primo dela, chegou ao escritório contando sobre um desafio que estava havendo na unidade de Campinas da Benassi, e eu resolvi ir até lá para entender com ele como poderíamos resolver. A conversa sobre a minha saída ficaria para depois.

Enquanto voltávamos de Campinas para o escritório de Jundiaí, Nivaldo recebeu uma ligação de outra prima dele, que pedia ajuda para alugar uma sala comercial de propriedade da família. Eles eram muito bem posicionados na cidade, com muitas propriedades. Achei que aquilo era outro sinal para minha saída da empresa. A sala poderia ser o lugar para o começo do meu próprio negócio – uma consultoria em comércio exterior – que entrou na minha cabeça naquele exato momento. Falei para ele:

— Pode dizer para sua prima que eu tenho interesse em alugar a sala.

Eu não sabia exatamente o que iria fazer, mas, claro, seria ajudando empresas com comércio exterior. Quando voltamos para o escritório, aconteceu um fato muito curioso, que me levaria a essa resposta. Ana Lúcia me comunicou que havíamos recebido uma intimação do Banco Central no Grupo Benassi para pagar uma multa, algo inesperado e diferente.

— Essa intimação diz que a gente tem que pagar um valor muito alto de multa, porque importamos mercadorias em um valor e pagamos outro valor, porque perdemos mercadorias.

— Mas quando recebemos essa intimação? Hoje?

— Não, na verdade já faz uns dois meses, isso está bem desafiador. A gente não sabe bem como resolver. Já passamos para o nosso advogado.

Na verdade, o que tinha acontecido naquele ano de 2002 foi que o Banco Central do Brasil iniciou uma fiscalização nas empresas de diversos segmentos, porque os importadores compravam um valor e pagavam um valor diferente, geralmente menor, por motivos comerciais entre as partes que trabalhavam com mercadorias perecíveis. Caso do Grupo Benassi, que operava com hortifrutigranjeiros.

No entanto, de acordo com a legislação cambial vigente na época, essa negociação comercial não era comunicada ao Banco Central, ficando os câmbios em aberto e caracterizando, para o órgão, que as empresas brasileiras estavam realizando infrações cambiais. Eu percebi que era preciso entender a nova dinâmica de todo o processo, o que existia na época de legislações específicas e que regulamentavam esse tipo de operação.

— Ana Lucia, mas isso aqui é uma coisa nova, ninguém conhece. Essa legislação saiu agora. O advogado da empresa é de comércio exterior? Ele sabe disso?

Ao ver a notificação, percebi que quem havia expedido a intimação havia sido o Departamento de Comércio Exterior do Rio de Janeiro. Eu precisava ir até lá para conseguir todas as informações junto a esse órgão do governo para descobrir os processos necessários para fazer a regularização e a construção da defesa das empresas do Grupo Benassi. Pedi então para Ana Lúcia uma passagem de ônibus para ir ao Rio de Janeiro para que eu pudesse tentar resolver a situação pessoalmente. Ela estava bastante apreensiva e topou.

O EMBRIÃO DO MEU NEGÓCIO PRÓPRIO

Chegando ao Rio de Janeiro, já no local, fui atendida com hostilidade: "Não somos uma assessoria de comércio exterior, não vou poder te ajudar". Mas eu não desisti. Fiquei ali o dia todo e disse que não sairia dali até a pessoa me atender e me ajudar a resolver. Telefonei para minha chefe e pedi para ela pagar um hotel, porque eu iria ficar ali até conseguir uma solução. Então, me hospedei em um hotel barato próximo dali e continuei indo ao Departamento de Comércio Exterior todos os dias.

No terceiro dia em que aquele funcionário me viu lá, chegando às oito horas da manhã e ficando até as seis da tarde, com a mesma roupa (pois quando viajei esperava resolver a situação no mesmo dia, não tinha levado mala), esse cara me chamou e disse:

— Tudo bem, eu vou falar com você.

Me lembro até hoje, ele se chamava Jaques.

— Eu já te falei que não somos assessoria de comércio exterior, o que você quer aqui?

— Eu entendo que você não é uma assessoria de comércio exterior, mas você entende que o que você sabe pode ajudar outras pessoas a melhorar a vida?

Ele pegou o meu documento, olhou:

— Você representa o Grupo Benassi? Você sabe o quanto eles importam? Milhões!

— Eu não estou aqui por causa da empresa, estou aqui por minha causa. Eu quero conhecer alguma coisa que possa melhorar a minha vida. Se isso é uma coisa nova, que saiu para o mercado, e que ninguém ainda sabe o que é, eu quero aprender. Você não acredita que pode ajudar uma pessoa a melhorar a sua vida?

— Mas o que você vai fazer com isso?

— Eu quero abrir uma empresa para ajudar pessoas do comércio exterior.

Naquele momento, eu imaginei que ele estivesse pensando: "Onde eu fui me meter ao resolver ajudar essa doida...". Mas para minha surpresa, ele respondeu:

— Tá bom, eu vou te ajudar. Só que você vai falar com a sua empresa que eles têm que te mandar uma passagem para depois de amanhã. E que você vai voltar de avião e vai ficar nesse hotel aqui.

E ele me deu um cartão com o endereço do tal hotel. Aí fiquei com medo. O que será que ele estava querendo, me mandando para aquele outro hotel? O que será que ele ia querer comigo, uma jovenzinha? À noite, Jaques foi ao hotel onde eu estava hospedada e me chamou na recepção. Sentei-me com ele para tomar um café, e ele disse:

— Deixa eu te falar uma coisa: vou ajudar você sim a resolver isso, mas só por causa da sua atitude, da sua humildade. Porque você está aqui há três dias. Você não está de olho no que as pessoas estão produzindo.

Eu respondi:

— O que eles produzem é com eles, não tem nada a ver comigo.

E então ele me ajudou. Ele me falou tudo o que eu tinha que fazer, com detalhes, para resolver aquela situação de comércio exterior.

Depois disso, voltei para Jundiaí e fiz o que ele tinha me ensinado para o Grupo Bonassi. Eu contatei todos os exportadores dos outros países, informei sobre o funcionamento da política cambial no Brasil, sobre a necessidade de enviar uma nota de crédito, em que essas empresas não fariam o pagamento, mas serviriam para dar baixa junto ao saldo pendente do Banco Central e junto ao departamento de Comércio Exterior do Rio de Janeiro, assim como para que a contabilidade dessas empresas pudesse contabilizar essa perda de forma correta e fizesse o pagamento correto dos impostos. Diligência e registro de informações que não existia antes no mercado de hortifrutigranjeiros.

Naquela época, nunca havia sido questionada por nenhum banco ou qualquer outra instituição financeira sobre os procedimentos para

pagamentos de importação que tivessem valor diferente do que originou a declaração de importação.

Dessa forma, o grupo regulamentou toda a documentação e conseguiu reverter suas multas.

Hoje isso representaria um valor correspondente a dezenas de milhões de reais e foi um marco no setor de importação e exportação.

Alguns dias depois disso, o presidente do Grupo Benassi, o senhor Sérgio, tio da Ana Lúcia, minha chefe, foi a uma feira da Associação Paulista de Supermercados (APAS). E lá estavam muitos outros importadores, o pessoal de hortifrutigranjeiros, e todos começaram a comentar entre si sobre as multas de importação que todos vinham recebendo. A maioria não sabia o que fazer. Ao ser questionado, o senhor Sérgio comentou que tinha “uma menina que trabalhava no Grupo Benassi, e que estava de aviso prévio, e que resolveu a situação”.

A partir de então meu case de sucesso com relação às multas começou a ser conhecido pelo segmento nesse que era um dos maiores eventos do Brasil.

Esse foi o início da minha consultoria de comércio exterior, porque, claro, várias empresas me procuraram para resolver a mesma questão da multa de importação. Ajudei inúmeras delas a regularizar seus processos de importação e solucionar as multas recebidas de forma transparente e ágil. Convidei a minha chefe, Ana Lúcia, para ser a minha sócia; ela disse que até poderia estar na sociedade no papel, para me ajudar a iniciar meu negócio, mas que não poderia prestar serviço para a concorrência, já que eram a maior empresa no mercado. De início ela me ajudou, entrando de sócia para que eu pudesse constituir a empresa.

Então lá fui eu, para a sala alugada pela prima do Nivaldo e da Ana Lúcia, iniciar minha própria empresa. O nome não poderia ser outro: Proseftur Assessoria em Comércio Exterior.

I UMA EMPRESA PARA O THIAGO

Enquanto tudo isso acontecia, um dia Ana Lúcia e seu marido Vagner promoveram em sua casa um jantar para mim e para Thiago, para que eles pudessem conhecer meu namorado.

Ao final da noite, Vagner perguntou a Thiago:

— A Fabiane vai abrir uma empresa. E você, com o que você trabalha?

— Trabalho com logística, em uma empresa que entrega malotes. Mas eu vejo muitos problemas na empresa. Eu faria completamente diferente.

— É mesmo? Quais problemas?

— Eu acho que o dono não tem uma visão boa, e ele perde tempo e dinheiro. Porque um entregador vai levar o produto em uma empresa em um horário e depois outro vai buscar no mesmo lugar em outro horário. Eu acho que ele poderia economizar muito.

— E como você faria?

— Ah, simples. Se ele organizasse direito, uma só pessoa poderia fazer as duas coisas, levar e coletar. Economizaria tempo no trânsito, dinheiro, tudo.

— E isso seria uma empresa?

Thiago pensou um pouco e falou:

— Sim, seria uma empresa.

— E quanto você acha que precisaria de capital para começar esse negócio?.

— Bom, com o que estou trabalhando hoje... – pensou e fez contas –... precisaria de 17 mil reais e um espaço.

O jantar terminou, nos despedimos e fomos embora. Na segunda, cheguei para trabalhar e havia 17 mil reais em cima da minha mesa com um bilhete de Vagner: "Fabiane, entregue para o Thiago e fale pra ele montar a empresa, que eu vou ser sócio dele".

“SEMPRE ACREDITEI QUE SE EU FIZESSE MEU TRABALHO BEM, AS COISAS ACONTECERIAM NATURALMENTE. MAS ENFRENTEI MUITAS DIFICULDADES NO INÍCIO, E NÃO SÓ FINANCEIRAS. MUITA COISA FOI POR FALTA DE EXPERIÊNCIA TAMBÉM.”

CAPÍTULO 7

BALAIO DE DÍVIDAS

Aos 25 anos de idade, em 2002, com três colaboradores, usando meu seguro-desemprego que era de 1,5 mil reais por mês e já trabalhando a todo vapor, comecei a Proseftur naquela sala alugada em Jundiaí. Alguns meses depois, no começo de 2003, o Thiago abriu a empresa dele de logística, a IS.

Além de atrair clientes por meio de meus conhecimentos nos processos com a multa de importação, observando o mercado de comércio exterior eu havia identificado a necessidade de profissionais especializados que assessorassem os pequenos empreendedores, assim como era feito para as empresas de grande porte.

Havia uma ótima oportunidade para educar esse perfil de cliente e expandir os negócios com lisura e sustentabilidade.

A maior parte do mercado do Ceagesp era de feirantes que, em decorrência de seu sucesso comercial com seus negócios, passaram a ser importadores e exportadores, e não possuíam formação ou conhecimentos que fossem específicos na área de comércio exterior e câmbio.

Sempre acreditei que se eu fizesse meu trabalho bem, as coisas aconteceriam naturalmente. Mas enfrentei muitas dificuldades no início, e não só financeiras. Muita coisa foi por falta de experiência também. Nosso primeiro cliente reclamou que não tínhamos uma manutenção constante de nossos serviços e que ele só fazia uma importação e depois ficava cinco meses sem fazer nada.

Bati muito a cabeça antes de aprender a trabalhar, porque eu não tinha muitas referências sobre como ser empresária.

No terceiro ano de funcionamento, as pessoas sempre me perguntavam se eu não ia fazer seguro do escritório e das coisas, ou colocar um alarme. E eu respondia que não precisava, porque já tinha portaria no prédio. Um belo dia, fui assaltada. Entraram na minha sala e roubaram tudo o que a gente tinha. Tudo mesmo!

Eu fui para o trabalho na segunda-feira sem nada no escritório. **Não tinha nada, nem os fios que passavam a rede** a pessoa que me roubou deixou.

Comprei um telefone, fui para o escritório e coloquei no chão. Eu só chorava, mas eu fui trabalhar porque eu tinha duas pessoas que trabalhavam comigo e eu tinha responsabilidade de fazer dar certo. Nesse dia, recebi uma ligação de uma pessoa do Rio de Janeiro que estava com problemas nos processos de importação, minha área na época, perguntando se eu poderia ir para o Rio para ver o caso dela. É lógico que na hora eu aceitei. Desliguei o telefone, pedi para meu irmão comprar uma passagem para mim (depois do que tinha acontecido eu ainda ficaria sem faturamento por pelo menos uns dois meses) e fui para o Rio de Janeiro.

Levei uma mala de viagem vazia, porque trabalhávamos com processos de importação e exportação, e sempre havia muita documentação para trazer e depois olhar e analisar. Quando cheguei na empresa, fui atendida por um senhor em uma daquelas mesas grandes, em que a pessoa senta e coloca você em uma cadeira um pouco mais baixa, e você se sente um pouco inferior pela maneira como está posicionado. E ele começou a falar:

— Meu problema é esse e esse, e tal... Quanto você cobra, Fabiane, para fazer o serviço?

Meio titubeante, falei:

— Cinco mil reais.

— Quanto?!

— Cinco mil reais.

Eu repeti, mas minha fala saiu meio corrida de nervoso, de medo, e medo de ele não aceitar a proposta. Ele então perguntou

— Fabiane, você tem algum bem de valor superior a cinco mil reais?

Aquela pergunta fez eu virar um pouco para trás. Perguntei:

— Como? Não entendi. Por que você está me perguntando isso?

Ele olhou bem falou:

— Fabiane, eu vou ser bem sincero: se você não tivesse sido muito bem indicada por uma pessoa da minha extrema confiança, eu não faria esse trabalho com você. Porque você não teve segurança de falar cinco mil reais. Esses cinco mil reais estão doendo mais para você do que para mim, que vou pagar. Eu entendo que você não tem cinco mil reais, e que esse valor que está cobrando é muito importante para você. Eu poderia até negociar e você aceitaria.

Naquela hora, em vez de ficar revoltada, eu avaliei tudo pelo que eu já tinha passado, entendendo o que eu poderia aprender, qual era a minha responsabilidade naquele processo, e que eu tinha que aprender a ser vulnerável também.

Olhei para ele e falei:

— Hoje eu tenho um carro financiado em 60 meses, e talvez esteja assim porque sofri um roubo ontem. Roubaram tudo do nosso escritório, literalmente tudo o que nós temos. E quando você fez a ligação ontem, fiquei muito feliz. Achei que fosse um sinal que recebi, sua ligação era como algo que Deus houvesse reservado para mim. Então dei um jeito, pedi para meu irmão, ele pagou a passagem e eu vim. Porque sim, eu preciso desse trabalho, eu preciso comprar meus computadores de volta. E sim, é necessário que eu faça isso.

Quando mostrei minha vulnerabilidade, ele falou:

— Entendi, Fabiane. Esse contrato tem um valor até mais significativo para mim. Eu estou te ajudando a recomeçar, estou sendo uma ferramenta para você recomeçar.

— É verdade, está sendo mesmo.

— Então tudo bem, vou fechar esse contrato com você. Vamos fazer, está tudo bem.

— Mas eu não gostaria que você me pagasse em cheque. Prefiro que saque esse valor e me entregue junto com os documentos.

Eu já sabia que teria alguns problemas bancários, por tudo o que eu teria que refazer depois do que aconteceu. Ele deu uma risada e falou:

— Tudo bem. Se você quer pegar um voo com cinco mil reais dentro da mala, posso fazer isso por você.

Muitas vezes, passamos por um processo de dor para entender quem nós somos, para que possamos crescer depois, de uma maneira melhor.

Fui conversar com Deus também. E o que eu "ouvi" foi: "Como vou te dar um prédio, se você não sabe nem cuidar de uma sala? A gente tem que ter uma estrutura firme, mesmo que você comece ali do pequenininho". E eu entendi. Se você vai ter uma casa, mesmo que pequena, tenha ela bem arrumadinha, cheirosa, para depois poder dar outro passo.

Não adianta você pensar: "Ah, quando eu crescer...". As pessoas que vencem na vida têm o mesmo comportamento quando são pequenas ou grandes, pobres ou ricas. Não é porque você está ganhando muito dinheiro que vai gastar. Quando entendi isso, comecei a ter um sistema de alarme, a controlar as coisas com planilha (eu usava um caderno de 18 matérias!) e a me organizar bem melhor.

Não adianta você pensar: "Ah, quando eu crescer...". As pessoas que vencem na vida têm o mesmo comportamento quando são pequenas ou grandes, pobres ou ricas.

E NOS CASAMOS

Em 2004, nossas empresas já estavam consolidadas, eu estava no último ano de faculdade e eu e Thiago já estávamos namorando há quase três anos. Ele sempre teve a convicção de que ficaríamos juntos, mas a ideia de casamento parecia ser um pouco distante para ele. Talvez porque seus pais fossem divorciados e isso causasse algum receio nele.

Um dia, estávamos passando por uma loja de alianças, e eu decidi entrar para dar uma olhada. Acabamos comprando alianças e ficamos noivos. Decidimos que iríamos nos casar, e assim fizemos. Promovemos um chá de cozinha, fizemos uma cerimônia simples, tudo com dinheiro contado, e viajamos para o Chile de lua de mel com o pouco que tínhamos. Nos últimos dias da viagem, ficamos dentro do quarto do hotel comendo salame e tomando refrigerante porque não tínhamos mais dinheiro para nada. Mas foi tudo muito bom, e sempre fomos gratos.

Thiago não queria morar em Jundiaí, minha cidade natal, mas quando percebeu que a vida ali seria mais vantajosa do que em São Paulo, acabou mudando de ideia. Compramos um apartamento financiado pela Caixa Econômica Federal em trinta anos e começamos nossa vida juntos. Na época em que fizemos isso, parecia um prazo imenso, mas hoje sinto que passou muito rápido.

O começo foi uma dureza imensa. Ele ia e voltava todos os dias para São Paulo, para trabalhar na IS. Logo comprou um carro usado, financiado também, um Fiesta Roxo. E também começou a fazer faculdade de Ciências Contábeis, na São Judas, à noite, para se preparar melhor para ser empresário.

Gastávamos muito dinheiro na época pagando o apartamento, os carros e também com telefone, porque eu ficava com o Thiago ao celular durante todo o tempo em que ele ficava na estrada, tarde da noite, enquanto ele voltava de São Paulo para Jundiaí, depois do trabalho e da faculdade, pois eu tinha medo de ele dormir na estrada. Ele saía de casa muito cedo, às cinco da manhã, e só voltava à meia-noite. E na saída da faculdade ainda tinha trânsito até chegar em Jundiaí.

Depois, veio meu primeiro filho, o Pedro, e as despesas aumentaram ainda mais. Tudo isso sem contar os próprios gastos das empresas em si.

QUASE FALÊNCIA

Em 2007, eu e Thiago por pouco não falimos. Não tínhamos dinheiro para fazer praticamente nada. Fizemos escolhas erradas e o negócio da IS começou a ir cada vez mais para baixo. Ela tinha um potencial de crescer muito maior que a Proseftur, era interessante investir nela, mas nos atrapalhamos.

Quando tudo já estava quase insustentável, Thiago chamou Vagner, seu sócio e investidor inicial:

— Vagner, a situação é péssima. Preciso que, em vez de você tirar um valor por mês, que coloque outra pessoa aqui para tomar decisões comigo, porque ainda sou novo, não tenho patrimônio, não tenho nada. Se começarmos a ficar cheio de processos trabalhistas, vai dar um problema para você.

Resolveram, então, que Vagner sairia da sociedade, e, com isso, as coisas pioraram ainda mais. Nessa época, faturávamos 100 mil reais e tínhamos 400 mil de despesas por mês. Quando íamos ao banco, o gerente nem fechava o computador para falar com a gente, continuava trabalhando, olhando para a tela, e falava: "Não tem nada para vocês aqui".

Banco não tem dinheiro para quem quer realmente empreender, só empresta dinheiro para quem já tem.

O Thiago parou de fazer os cursos de empreendedorismo que estava fazendo, porque não podíamos pagar mais nada. Um dia, Thiago me conta:

— Fabi, hoje nosso maior concorrente são os Correios. Mas tive uma inspiração no meio dessa tribulação toda que a gente está passando. Vou começar a abrir duas cidades para entregas por malha aérea e sair na frente dos Correios.

— Você é doido? Como você vai fazer entregas por malha aérea se a gente não está nem conseguindo abastecer os carros para fazer as entregas por terra?

Ele começou a fazer testes. Mandou um amigo para Fortaleza com um malote cheio de coisas sem valor, cadernos, papéis, e o malote chegou lá direitinho. E continuou a fazer outros testes. Quando Thiago viu que o esquema que ele tinha montado estava funcionando, falou:

— Vou tentar negociar um contrato.

— Como você vai negociar um contrato se estamos com tantos protestos?

— Não sei Fabi. Mas se der certo, pode ser uma chance de a gente levantar o dinheiro para pagar as dívidas.

— Então, Thiago, vou aí para São Paulo. Vou levar meus processos, quem quiser ir também da Proseftur vai comigo, e eu vou assumir o financeiro da IS com você.

E assim eu fiz. Ia todos os dias trabalhar em São Paulo. Meus funcionários resolveram ir comigo, e ficavam trabalhando para a Proseftur em uma sala, e eu mesma passei a dedicar a maior parte do tempo para ajudar o Thiago na IS. E o detalhe é que eu estava grávida da minha segunda filha, Mariana. Íamos em sete pessoas em um carro que cabiam seis, com aquelas pessoas em cima da minha barriga.

Começamos pedindo dinheiro emprestado a muitos clientes da Proseftur (que pelo menos estava indo bem), e para todos os amigos que Thiago tinha, os que a gente achava que eram ricos e podiam emprestar na época. E aqueles que achamos que nunca fariam nada foram os que mais fizeram por nós, dizendo: "Eu acredito que vocês vão para a frente". Até os motoristas dos carros de entrega emprestaram dinheiro para nós. E eu tinha tudo anotado em uma prancheta, os nomes de todos que tinham nos emprestado, quanto e quando.

As pessoas ligavam para mim e me xingavam muito. Eu sabia que estava prejudicando a vida delas com a falta de pagamento, ao dever o dinheiro, mas eu dizia:

— Se você não me der um tempo para respirar, para trabalhar, eu nunca vou sair dessa situação e nunca vou conseguir pagar você, porque eu não tenho dinheiro.

Ou então:

— Se vocês não deixarem a gente trabalhar, não tem como sair do buraco em que a gente está. A gente está com protestos, eu sei, mas não somos estelionatários. Queremos trabalhar para prestar nossos serviços e pagar. Só precisamos de um tempo.

Para mim, que cresci sempre na dificuldade, falar com credores, negociar com as pessoas para quem estávamos devendo, ouvir desaforos, cobranças, era uma coisa normal.

Aquilo para mim era apenas uma reedição do moço da luz e água. Mas para o Thiago não. A família dele era simples, mas o pai dele sempre teve altos cargos em boas empresas, tinham uma casa na praia, era uma outra vida muito diferente da que eu tivera, embora humilde também.

Quando a gente não admite as coisas, quando não reconhecemos a realidade da vida, fazemos uma fuga que piora tudo para nós mesmos. Então eu já deixava tudo aberto e claro. Quando eu contratava as pessoas para trabalhar na IS, eu já avisava:

— Estamos devendo para várias pessoas, vai vir muita cobrança.

A pessoa respondia:

— Fique tranquila, sou boa em negociação.

Mas passava uma semana e a pessoa vinha chorando pedindo para ir embora, porque não conseguia aguentar a pressão.

Eu lembro que a gente ia no posto de gasolina para abastecer os carros de entrega, e o dono do posto já vinha assim:

— Não, nem estaciona. Vocês estão devendo.

E o Thiago ficava horrorizado, chorava e falava:

— Fabiane, ele está falando pra gente alguma mentira? A gente está devendo mesmo.

Eu respondia:

— Eu posso sair daqui de vítima ou posso tentar encarar essa minha realidade e falar com ele.

E eu dizia para o homem:

— É verdade, estamos devendo, mas nós vamos sair dessa situação, pode acreditar. E vamos para a frente com as pessoas que nos ajudarem a ir para a frente. Pode ser que daqui a pouco eu tenha uma frota de carros e eu nunca mais abasteça aqui no seu posto.

— Você é louca, maluca, moça? Vocês são duas crianças!

E pensava que a gente estava dando um golpe no mercado. Mas prosseguíamos.

No dia em que terminei de pagar aquele meu carro financiado em 60 meses, desde a faculdade, chorei de emoção ao chegar na empresa e contar ao Thiago. Ele perguntou:

— O carro está lá embaixo? Porque o rapaz veio buscar.

— Como assim?

— Fabi, a gente precisa de 13 mil reais para a folha de pagamento, e eu vendi o carro.

— Mas, Thiago, eu acabei de pagar a prestação hoje! Com tudo o que a gente pagou deu 36 mil de juros e você vendeu o carro por 13 mil reais?

— Vendi, e ele vai pagar a gente. É o que a gente precisa para pagar os colaboradores. O carro, para a gente, significa 13 mil. Só que para treze pessoas ele significa mil reais. A gente vai deixar treze famílias sem dinheiro porque a gente tem um carro?

Respondi:

— Tudo bem, você está certo.

Entreguei meu carro e na outra semana o Thiago entregou o dele. E começamos a usar os carros alugados da empresa. Tínhamos vendido nosso apartamento e comprado um terreno em um condomínio e, quando íamos lá, o porteiro falava:

— Nunca dá para cadastrar o carro de vocês, porque cada dia vocês vêm com uma placa diferente.

Eram todos aqueles Unos alugados. Essa era a nossa realidade, não adiantava a gente falar para as pessoas que "a nossa empresa está passando por um momento de reestruturação". Não, estávamos quebrados e precisávamos sair daquele lugar.

Teve uma época em que ficamos devendo para todo mundo ao mesmo tempo, funcionários e credores. Um dia, tive uma ideia. Fui à rua 25 de Março, que era perto do escritório da IS, e comprei um balaio bem grande de plástico e coloquei em um canto da sala. E escrevi em papeizinhos o nome de todas as pessoas para quem a gente estava devendo, com o valor, dobrei e joguei ali. E falei para os colaboradores:

— Precisamos trabalhar para pagar tudo isso aqui. Como a gente não tem como escolher uma pessoa para pagar, porque a gente ficou devendo para todo mundo, vamos pegar uma pessoa aqui por mês, e vamos nos prontificar a pagar para essa pessoa.

— Mas a gente está nessa situação e você vai lá comprar um balaio?

— Eu preciso que a gente tenha algo visual, que não fique só dentro do computador, para a gente ficar olhando. A gente precisa se esforçar se a gente quer fazer isso.

E fomos fazendo assim, vivendo um dia de cada vez.

Eu ia com a minha prancheta:

— Quem tem dinheiro para me emprestar?

"Tenho 20, 30..." Essa era a realidade e as pessoas ficavam falando:

— Você vai contar para os motoristas que você não tem dinheiro? Você é empresária!

— Mas essa é a verdade. Eu não vou falar para eles que está tudo bem, sendo que não está. Quem tiver que ficar conosco para crescer com a gente, vai ficar. Se você não consegue ser fiel no pouco, quando a pessoa está precisando, não tem como a gente crescer juntos no muito.

Sempre trabalhamos com essa verdade ao falar, para conseguirmos fazer o que precisávamos fazer. Sempre foi assim.

A verdade é que só um milagre nos salvaria. E mais uma vez ele veio.

“DAÍ A CÉSAR O QUE É DE CÉSAR” FOI UM DIFERENCIAL MUITO GRANDE A PARTIR DE ENTÃO, E NOS AJUDOU A MULTIPLICAR NOSSO PATRIMÔNIO.

CAPÍTULO 8

A SAÍDA ESTAVA NO ALTO

••••

Quando tudo parecia não ter mais saída, um belo dia liga para a gente um jornalista da *Folha de S. Paulo* querendo falar com o Thiago. Ele queria fazer uma matéria com ele sobre empreendedorismo. Disse que havia tido uma indicação de um colega dele de um curso sobre o tema que ele estava fazendo (aquele que ele tinha largado por não poder pagar mais).

Eles queriam uma história boa, de alguém que havia saído do zero, e pediram para conversar.

Thiago pensou bem e aceitou. Talvez fosse uma oportunidade para fechar alguns negócios. Marcaram um dia e uma equipe foi até a empresa, conversou bastante com ele, fez muitas perguntas, Thiago falou das entregas por malha aérea. Então a equipe pediu para fazer fotos. Juntaram vários malotes, ligaram luzes fortes e sugeriram para ele sentar em cima deles.

— Pega seu laptop.

— Eu não tenho, só um computador de mesa mesmo.

— Não tem problema. O cara aqui da produção vai arrumar um pra você... Pode vestir seu terno?

— Que terno?

Arrumaram um terno para o Thiago, ajeitaram daqui, arrumaram de lá, agradeceram e foram embora. Na segunda-feira seguinte, saiu na primeira capa da *Folha*: **"Cresce a riqueza no Brasil"**, com Thiago Oliveira e Ivete Sangalo.

Não demorou, o telefone começou a tocar e vários e-mails começaram a cair na caixa postal. E nosso comercial começou a enviar as propostas.

Algumas pessoas falavam:

— Achei que era só uma empresinha, mas vocês estão na capa!

Precisamos renegociar tudo para fazer a malha aérea. Começamos cobrindo duas cidades a mais, depois três, depois a IS já estava atendendo o Brasil inteiro.

ESVAZIANDO O BALAIO

Conforme o dinheiro foi entrando, fomos pagando todo mundo. Um por um. E fomos esvaziando aquele balaio inteirinho.

Um dia, fui ao posto de gasolina e paguei tudo o que estávamos devendo também. O dono não acreditava:

— Nossa, e vocês têm mesmo uma frota agora! Vocês não podem voltar a abastecer aqui?

Era tudo financiado na época, mas havíamos aumentado o número de veículos para entregas. Respondi, com uma satisfação imensa:

— Eu vou pensar, vou falar com o meu marido.

Depois de um tempo, voltamos mesmo a abastecer no posto dele, até porque era o mais próximo da empresa.

Quando a situação ficou boa, não saímos comprando carro nem nada. Thiago nunca foi disso, para mostrar a outras pessoas. Ele falava:

— A gente só vai comprar um carro quando tivermos uma casa nossa, paga, quitada. Se der para comprar um carro melhorzinho, compramos. E depois a gente vai ver o sonho que a gente tem. Quem sabe comprar uma casa na praia.

Mas primeiro temos de fazer a nossa estrutura, em um lugar em que a gente tenha segurança para nossos filhos, que a gente não seja despejado.

Meu marido sempre teve esse pé bastante no chão e sempre foi a coluna forte na nossa casa.

Muita gente, quando ganha dinheiro, só quer mostrar, falar, ostentar. E na hora que você vai ver, nada tem muita sustentabilidade.

Dois anos depois dessa confusão toda, em 2010 estávamos totalmente recuperados, com um bom dinheiro em caixa e uma reserva de segurança. As coisas foram se desenvolvendo e nós saímos de todas as dificuldades que enfrentamos. Eu falo que os meus três filhos têm as marcas do tempo das épocas que passamos em nossa vida. O Pedro, mais velho, que nasceu em 2007, época das vacas magras, é muito centrado, não gasta dinheiro, parece que adquiriu tudo isso da barriga. A Mariana, de 2009, veio naquela fase em que a gente estava quase falindo e eu tive que ir trabalhar em São Paulo. Ela é aquela menina que você tem que tomar cuidado, porque é bem-posicionada e, se bobear, ela te atropela. E o Alexandre, que nasceu em 2011, época em que a gente já estava muito bem de vida, é totalmente "de boa" e está só curtindo.

Depois que o Alexandre nasceu, voltei a trabalhar só na Proseftur de novo. Eu já podia ter uma babá e uma pessoa para ajudar em casa com as crianças. Construímos uma casa em um condomínio em Jundiaí, para onde nos mudamos. O Thiago começou a colocar na IS muita gestão, que é o que faltou na empresa e a levou a quase falir. Pensamos que gestão, que conhecer o negócio, é só para quem é muito grande, mas isso é errado. Se você deixa de conhecer o que está fazendo, com a visão total da sua empresa, você não saberá cuidar dela.

Depois que o Thiago começou a olhar para isso, publicou o livro **Pense dentro da caixa**, que diz para você olhar para o que você tem, para dentro, e não para o que todo mundo está fazendo. Olhe para o seu negócio, para a sua "caixa", e pense: "O que eu posso melhorar aqui?".

Foi isso o que fizemos. Thiago começou a colocar muitos processos na IS, e até por ter nossas convicções e nossa fé cuidamos de cada detalhe. Nunca trabalhamos sem nota fiscal, sem controle e sem gestão.

"Daí a César o que é de César" foi um diferencial muito grande a partir de então, e nos ajudou a multiplicar nosso patrimônio.

FOCO NAS PESSOAS

As pessoas sempre me falavam: "Fabiane, a Proseftur não é uma ONG, é uma empresa". Porque eu nunca conversava com os empreendedores falando de receita, eu sempre dizia: "A pessoa, quando começou comigo, não sabia fazer nada, hoje ela sabe fazer isso, progrediu para aquilo etc. Quando a pessoa faz aniversário, eu a dispenso por meio período, no outro período ela ganha um valor para fazer algo para ela".

Eu sempre fui voltada muito para o humano, para como o indivíduo cresce, se ele se sente confortável naquele lugar, como ele vai para a frente. E as pessoas sempre falavam: "Você não tem vocação para ser empresária, seu negócio é uma ONG, porque você sempre está pensando em pessoas".

Depois de tudo o que a gente viveu, hoje os estudos de gestão modernos falam do "cliente no centro", e era o que já fazíamos e falávamos lá atrás, mesmo sem estrutura. E o primeiro cliente do empreendedor é o colaborador.

A Proseftur tem vinte anos, e eu tenho pessoas comigo há nove, treze, dezoito anos. Se hoje sou empresária é só porque sempre tive boas pessoas trabalhando comigo.

Meu negócio foi crescendo, se consolidando, mas nunca fui de almejar milhões. Para mim, se eu tivesse uma renda de 40 mil reais por mês e um salário digno para meus funcionários, já estaria muito feliz. Eu tinha isso na minha cabeça, e sempre trabalhava para isso. O Thiago já almejava ter uma empresa com mil funcionários e ser o presidente, com conselho etc. Fizemos esse combinado e assim seguimos.

As crianças foram crescendo e as coisas foram se desenvolvendo, mas eu sempre trabalhava muito. Eu dizia que até os 40 anos eu queria correr atrás da história e depois queria viver a história. Sempre batia de porta em porta no Ceasa de São Paulo para conseguir clientes, fazia até dez visitas por dia. Tenho clientes lá há vinte anos, desde que abri a Proseftur.

Depois que passamos pelo período de quebra, sempre trabalhamos muito unidos com o propósito que queríamos atingir, mas focados também no que eram os interesses de cada um. Eu cheguei no meu objetivo na Proseftur, e o Thiago chegou no objetivo dele na IS, tendo quase mil funcionários e tornando-se o presidente.

Trabalhamos muito unidos com o propósito que queríamos atingir, mas focados também no que eram os interesses de cada um.

“EMBORA A PERSONALIDADE POSSA SER MOLDADA E DESENVOLVIDA AO LONGO DO TEMPO, ELA É CONSIDERADA UMA PARTE CENTRAL DA IDENTIDADE DE UMA PESSOA E DESEMPENHA UM PAPEL IMPORTANTE EM MUITOS ASPECTOS DA VIDA, INCLUINDO RELACIONAMENTOS, CARREIRA E SAÚDE MENTAL.”

CAPÍTULO 9

PRÁTICA DE IDENTIDADE EMOCIONAL 2: CONHEÇA SUA PERSONALIDADE

Personalidade é o conjunto de traços e características psicológicas que definem como uma pessoa pensa, sente e age. É a forma como a pessoa percebe, interage e se adapta ao ambiente e às situações ao seu redor. A personalidade é influenciada por uma combinação de fatores biológicos, psicológicos e ambientais, incluindo a genética, o ambiente em que se cresce, as experiências de vida e as interações sociais.

Os traços de personalidade são relativamente estáveis ao longo do tempo e podem ser divididos em várias dimensões, como extroversão, neuroticismo, abertura à experiência, amabilidade e consciência.

Embora a personalidade possa ser moldada e desenvolvida ao longo do tempo, ela é considerada uma parte central da identidade de uma pessoa e desempenha um papel importante em muitos aspectos da vida, incluindo relacionamentos, carreira e saúde mental.

Antes que houvesse raça, religião, gênero, ordem de nascimento ou preconceitos culturais, tudo o que existe, só havia você no útero, o seu "eu", sem nada mais.

E embora cada um seja único, todos compartilhamos aspectos semelhante com pessoas de todas as raças, de todas as religiões, de todos os gêneros, de todas as condições econômicas, tão diferentes quanto você possa imaginar.

Isso é interessante porque, embora possamos parecer substancialmente muito diversos como pessoas, tão diferentes de um mendigo, de uma pessoa em vulnerabilidade social ou de alguém muito rico, por causa das nuances que melhoram e prejudicam nossa vida, por causa das nossas escolhas, há coisas que são similares. E me refiro às características principais das personalidades.

Em outras palavras, o que quero dizer é que o que impulsiona nossa existência, nossas necessidades, nossos desejos, nossas motivações de personalidade são aspectos semelhantes. E isso nos conecta. E o que você poderia saber sobre pessoas de todo o mundo o surpreenderia se você apenas entendesse a si e as pessoas. Porque está no cerne da sua personalidade e nasce na sua alma.

Uma vez que você conhece seu verdadeiro eu, você carrega uma consciência mais poderosa de como jogar com seus pontos fortes na vida.

A sua mesa é desorganizada ou meticulosamente limpa? Você é daqueles que gosta de conversas profundas, significativas, ou prefere arriscar sua vida em uma aventura selvagem? Você se sente mais confortável liderando, estando à frente, fazendo acontecer ou seguindo outras pessoas?

Sua personalidade é mais do que uma atitude; é o que causa as suas preferências, as suas ações e as suas reações na vida. A personalidade é o seu código de comportamento. A personalidade acaba sendo o núcleo do pensamento e sentimento dentro de você, que diz a você como se comportar. E lá há uma lista de verificação de respostas baseada em valores e crenças que são fortemente sustentadas.

Ela direciona você a responder emocionalmente ou racionalmente a cada experiência da sua vida. Isso até determina a sua reação instintiva aos outros. E a personalidade é um processo ativo dentro de cada indivíduo, que dita como ele ou ela pensa, sente e se comporta.

A personalidade é o seu código de comportamento.

TESTES DE PERSONALIDADE

Existem vários testes de personalidade disponíveis hoje em dia, que podem ajudar e muito no autoconhecimento e na detecção de sua identidade emocional. Aqui estão alguns dos principais:

- Myers-Briggs Type Indicator (MBTI): é um teste de personalidade baseado em teorias psicológicas propostas por Carl Jung. Ele avalia quatro dimensões da personalidade (extroversão e introversão; sensação e intuição; pensamento e sentimento; julgamento e percepção) para determinar um dos 16 tipos de personalidade.
- Big Five Personality Traits: também conhecido como modelo OCEAN, é um teste de personalidade que avalia cinco dimensões da personalidade: abertura à experiência, consciência, extroversão, amabilidade e neuroticismo.
- 16PF (16 Personalities Factors): é um teste de personalidade que avalia 16 fatores da personalidade, incluindo capacidade cognitiva, dinâmica emocional, habilidades interpessoais e interesses.
- NEO Personality Inventory: é um teste de personalidade que avalia cinco fatores da personalidade: neuroticismo,

extroversão, abertura à experiência, consciência e amabilidade.

- MMPI-2 (Minnesota Multiphasic Personality Inventory): é um teste de personalidade amplamente utilizado em contextos clínicos, que avalia vários aspectos da personalidade, incluindo tendências depressivas, ansiedade, paranoia, distorção da realidade, dentre outros.

A PERSONALIDADE POR MEIO DAS CORES

Existe uma avaliação de personalidade que apresenta um conceito para medir e analisar comportamentos. Foi criada e desenvolvida pelo psicólogo e escritor Taylor Hartman. O código de cores de Hartman divide os indivíduos em quatro cores: vermelha, azul, branca e amarela. Vejamos quais são as características de cada grupo:

Vermelhos: aqueles que pertencem ao grupo vermelho buscam colocar em prática seus projetos da melhor forma possível. Usam a lógica e são realmente determinados, costumam terminar aquilo que começam. São assertivos, proativos e responsáveis. Sabem liderar. Os vermelhos sempre acreditam que estão com a razão e podem ser duros e demasiadamente críticos com os demais. Geralmente privilegiam o trabalho em detrimento das relações humanas e sua personalidade é controladora e muito dominante.

Azuis: Cheios de bondade, quem pertence a esse grupo busca fazer o bem, mesmo que tenha que sacrificar a si mesmo. Procuram atingir a perfeição e podem ser um pouco desconfiados. São complexos, intuitivos e muito leais. Quando amam, são passionais. São muito emotivos, comprometidos e criativos, sempre buscando fazer o melhor. Apesar disso, são incrivelmente controladores, tendem a julgar os outros e têm dificuldade para perdoar. Os azuis querem ser compreendidos, já que têm a necessidade de serem queridos e aceitos, por mais que não consigam aceitar a si mesmos.

Brancos: buscam a paz e fazem todo que estiver ao seu alcance para evitar confrontos. Não pedem muito, só o necessário para que se sintam confortáveis por dentro. São amáveis, pacientes e não se deixam levar pelo ego. Podem construir relações a partir do zero. Ao tentarem sempre evitar o mal, as pessoas que pertencem ao grupo branco são tímidas e raramente expressam seus sentimentos, escapando de qualquer conflito. Não têm metas próprias, mas trabalham nas metas dos outros.

Amarelos: eles vivem para se divertir e desfrutar a vida deixando-se levar pelo desejo de viver bem, por isso são cheios de entusiasmo e espontaneidade. São bastante amistosos, mas também muito centrados em si mesmos.

As relações que eles travam acabam por ser superficiais; já que tendem a ter muitos amigos, eles têm muita dificuldade de aprofundar amizades.

É importante ressaltar que nenhum teste de personalidade é perfeito e que eles podem apresentar limitações e restrições. É sempre importante consultar um profissional qualificado para interpretar e utilizar adequadamente os resultados desses testes.

“O PERDÃO FALA MUITO DE QUEM É VOCÊ. VOCÊ EXPERIMENTA A VIDA SEM DEIXAR ASSUNTOS NÃO RESOLVIDOS, VÊ QUE É UMA PESSOA QUE PODE TRATAR OS OUTROS MELHOR DO QUE OS OUTROS TRATARAM VOCÊ.”

CAPÍTULO 10

PRÁTICA DE IDENTIDADE EMOCIONAL 3: PRATIQUE O PERDÃO

"Perdoar é sempre libertar um prisioneiro, e descobrir que o prisioneiro era você."

ROBERT MULLER

Se você quer viajar com o coração mais leve, é melhor que você tenha um coração que perdoa e sem problemas mal resolvidos. É fácil perdoar? Nem sempre. Quando você escolhe perdoar, isso melhora seu bem-estar psicológico, causa uma sensação de paz, deixa de lado a mágoa, a raiva, e faz você enxergar quem você é com mais clareza. Porque o perdão fala muito de quem é você. Você experimenta a vida sem deixar assuntos não resolvidos, vê que é uma pessoa que pode tratar os outros melhor do que os outros trataram você. Mas o perdão sempre é uma decisão pessoal.

O perdão sempre é uma decisão pessoal.

Vou contar algo que aconteceu comigo e que está relacionado ao perdão. Antes de conhecer meu marido, eu tive um relacionamento com um rapaz que tinha dificuldade de arranjar emprego, de trabalhar, e sempre falava para mim: "Eu não arrumo emprego. É difícil as pessoas me darem emprego porque eu vim de outro lugar, eu vim de Minas". Ele não conseguia se colocar no mercado de trabalho, sempre com aquele jeito de "As pessoas não estão me dando oportunidade por isso e por aquilo".

E eu, naquela época muito ocupada, sempre querendo fazer o possível para que minha vida pudesse melhorar, não estava muito conectada com aquilo que realmente queria, com aquilo que realmente ia ser bom para meu futuro. Eu namorei esse rapaz durante muito tempo, e quando nós começamos com a conversa de "vamos nos casar", "vamos ver o que a gente vai fazer para se casar", comecei a refletir melhor, a buscar em Deus, na minha espiritualidade, perguntando: "Senhor, é isso mesmo que eu quero? É isso mesmo que devo fazer? Essa pessoa é para mim?". E comecei a olhar para ele de um jeito diferente, porque eu via que ele queria comer sempre do bom e do melhor, mas só eu trabalhava. Eu trabalhava, eu ficava devendo, parcelava, fazia tudo, e ele era a única pessoa que não arrumava trabalho.

Com o passar do tempo, meu pai e minha mãe falaram:

— Olha, Fabiane, não sei o que acontece, aparentemente essa pessoa é muito gente boa, mas tem alguma coisa que a gente não gostou, tem alguma coisa que a gente não sabe o que é.

E eu, com aquele meu jeito, dizia:

— Está tudo bem, está tudo certo, vamos continuar levando.

Mas, quando achei que não dava mais, parei para pensar: "O que eu quero da minha vida? Se hoje eu tenho um namorado que não tem emprego, que não consegue achar nada, que não faz isso, como vai ser quando eu tiver um marido? Como vai ser quando eu tiver o pai dos meus filhos? Como vai ser quando eu não puder produzir algo, quem que vai me ajudar, quem vai ser comigo?".

E resolvi largar desse relacionamento. Falei para ele:

— Eu acredito que seja melhor a gente terminar nosso relacionamento por isso e por aquilo.

Mas ele não soube entender o que estava acontecendo. A casa onde ele morava era alugada, era eu que pagava, em meio a todas as minhas dificuldades, e eu ainda sempre estava trabalhando mais para estender a mão. Passou uma semana dessa minha conversa, ele me chamou para conversar na casa dele:

— Fabiane, é o seguinte: preciso conversar com você. Você pode vir aqui na minha casa?

— Ah, tudo bem, posso ir na sua casa, sim. Quando eu sair do trabalho passo aí.

Ele era aquela pessoa que sabia cozinhar de tudo. Cozinhava muito bem, era excelente. Só que, naquele dia, ele tinha cozinhado algo, abriu a porta para mim, colocou um prato em cima da mesa e falou:

— Fabiane, come isso agora.

— Eu não quero comer.

— Eu não estou perguntando se você quer comer ou se você não quer comer. Eu estou mandando você comer agora!

Eu nunca tinha visto ele tão bravo, tão incisivo daquele jeito. Ele sempre foi uma pessoa muito doce comigo. Ele continuou a insistir, e eu falei:

— Mas eu não quero comer

Eu estava nervosa, e quando estou nervosa não como nada. Para minha surpresa, ele falou:

— Você não vai comer?

— Não!

Ele se levantou, colocou-se na minha frente na mesa e me deu um tapa na cara. Caí no chão, ele se sentou em cima da minha barriga e me bateu muito, muito, muito. Eu já estava quase desfalecendo, quase perdendo os sentidos, quando olhei para o lado e vi que ele tinha muitas facas de corte do lado da pia. Bem, ele gostava muito de cozinhar, mas na hora me veio um pensamento: "Fala para ele que você ama ele muito e acalme os ânimos dele". Naquele momento, segurei a barriga dele e falei:

— Por que que você está fazendo isso comigo? Eu amo você!

— Você me ama?

— Claro!

— Você tem certeza?

— Sim, só que você está me machucando. Acho que você não está entendendo o que está acontecendo e você está me machucando.

Então ele se levantou de cima de mim e perguntou:

— Está tudo bem então?

— Claro, está tudo bem. Faz o seguinte: vai tomar banho que eu vou te esperar para a gente sair e comer alguma coisa.

Ele então entrou no banheiro para tomar banho e eu saí correndo da casa dele. Fui embora a pé para minha casa, correndo o máximo que eu pude. Eu morava três ruas para cima. Cheguei na minha casa, entrei embaixo do chuveiro e chorei muito.

No outro dia, eu tinha que estar pronta, em pé, para assumir minhas responsabilidades e fazer o que eu precisava fazer no trabalho. Não importava o que ele tivesse feito para mim, eu tinha minhas responsabilidades e precisava ficar bem para trabalhar.

O que eu quero dizer com esta história é que aprendi bem cedo que podemos e devemos amar a todos, porque o Senhor nos ama, e por causa disso nós amamos as outras pessoas também. Agora, relacionar-se com outras pessoas é bem diferente. Gostar é bem diferente.

Amor e relacionamento são coisas diferentes. Amar é um mandamento, então eu amo. Mas relacionar-se não. Eu me relaciono com quem eu quero.

Se as pessoas estiverem precisando de mim, mesmo que eu não goste delas, mesmo que eu não me relacione com elas, eu vou ajudar, e vou fazer o meu melhor. Mas quando eu estiver fazendo aniversário, dando uma festa, comemorando alguma coisa, quando estiver na minha intimidade, vou chamar pessoas com quem tenha prazer em estar, com que me relaciono, pessoas que moram no meu coração.

Mas ajudar vou ajudar todo mundo.

Entendi que o que aconteceu comigo e com esse rapaz só diz respeito a ele. Só que ali eu tinha que tomar uma posição, porque isso poderia acabar com a minha autoestima, ou até com a minha vida! Ele poderia fazer eu me sentir desvalorizada, poderia criar em mim e alimentar em mim sentimentos que não eram bons, agradáveis, e por causa desse episódio eu poderia não ter encontrado o meu marido, o Thiago, que hoje é uma benção na minha vida, um marido maravilhoso, o pai dos meus filhos, um alicerce na minha casa. Eu sei que se amanhã acontecer qualquer coisa, ele estará presente.

Há um ditado antigo que diz que ter mágoa de alguém é como tomar veneno e esperar que a outra pessoa morra.

Porque quando nós nos apegamos à mágoa, ou ao ressentimento, sempre ficamos com uma ferida. E somente quando escolhemos perdoar é que podemos iniciar nosso processo de cura.

Nessa minha história, eu escolhi perdoar.

Pensei: "O que ele fez para mim não tem nada a ver com quem eu sou. Eu sou uma pessoa de valor, sou uma menina que sempre trabalhou bastante, que sempre estudou muito, que sempre quis vencer na vida. Sou especial, sou íntegra, mantenho os meus valores, e faço o bem".

Lembrando-me de quem eu sou, entendi que esse episódio pelo qual passei não tinha nada a ver com quem eu sou. Aquilo dizia respeito a sobre quem ele era. Quando perdoei, eu fiquei aberta para o novo, para uma nova oportunidade.

Quando conheci o Thiago, não me passava pela cabeça que eu poderia namorá-lo por três anos e, quando chegasse ao fim, ele iria fazer alguma coisa desagradável, ou poderia fazer comigo o que esse antigo namorado havia feito. Perdoei, fui limpa, fui sem nenhuma crença, fui de coração aberto. E deu certo!

Quando conheci o Thiago, eu não pensei: "No outro relacionamento que eu tinha, ele não tinha dinheiro, ele não tinha situação financeira boa, e agora eu não vou entrar mais no mesmo relacionamento, agora eu quero tudo diferente". Fui fiel àquelas coisas em que eu acreditava. Conheci o Thiago e me joguei. E foi uma benção.

O perdão nos liberta, abre a porta da nossa vida para que possa ocorrer em nós grandes transformações. Quando você escolhe perdoar, deixa de lado aquela bagagem emocional que fica querendo segurar você e sempre torna seu caminho possível.

Quero encorajá-lo, se você precisa perdoar alguém, se precisa se libertar de algo ou deixar alguém ir, que faça isso agora. Que tire essa amarra da sua vida, porque tenho certeza de que a falta do perdão tem distorcido muito sua identidade, aquela pessoa que você é, aquela pessoa que você nasceu para ser. E ninguém, ninguém, pode tomar essa decisão por você. Só você pode fazer isso.

I O PODER DO PERDÃO

Assista à experiência do arroz no link a seguir e escreva o que você achou.

https://globoplay.globo.com/v/5928496/

Escreva com suas palavras o que você vai fazer a partir de agora:

- Quem você precisa perdoar?

____

____

____

____

____

____

- Como você vai fazer isso?

____

____

____

____

____

____

“A MENTE É A SEDE DOS NOSSOS PENSAMENTOS. TEMOS A CAPACIDADE INTELECTUAL DE GERAR, ACOLHER, DESENVOLVER E REJEITAR PENSAMENTOS. OS PENSAMENTOS INFLUENCIAM AS NOSSAS AÇÕES POR TODA A VIDA, MESMO SEM TERMOS UMA CONSCIÊNCIA MUITO APURADA SOBRE ISSO.”

CAPÍTULO 11

PRÁTICA DE IDENTIDADE EMOCIONAL 4: RENOVE SUA MENTE

A mente é a sede dos nossos pensamentos. Temos a capacidade intelectual de gerar, acolher, desenvolver e rejeitar pensamentos. Os pensamentos influenciam as nossas ações por toda a vida, mesmo sem termos uma consciência muito apurada sobre isso.

O que nós percebemos abastece a nossa mente, e os resultados positivos e negativos das nossas experiências se refletem diretamente nas decisões que tomamos na nossa vida. Por isso, precisamos notar a importância dos pensamentos que guardamos e como isso atua em nós. Em nós está também nosso espírito e nosso coração. Na Bíblia está escrito que "falamos do que o coração está cheio", e essa expressão é muito verdadeira.

Por isso, se queremos cuidar da nossa mente e usufruir do seu poder, temos que dar atenção também ao nosso espírito, pois se ele está fraco, a mentalidade vai acompanhar essa fraqueza, e vai se contaminar com facilidade porque a mentalidade sempre será o reflexo do que está no interior da pessoa.

I SOMOS O QUE PENSAMOS SER

Se todos tivéssemos a real consciência do que isso significa, daríamos uma atenção muito maior aos nossos pensamentos e ao nosso espiritual, porque somos o que a nossa mente diz que somos. Somos aquilo que pensamos ser.

Se uma pessoa, por exemplo, fala de uma maneira negativa e age dessa forma também, é porque, sua mentalidade é assim. Uma pessoa violenta não tem uma mente de paz. Uma pessoa medrosa não consegue ter pensamentos cheios de coragem, assim como uma pessoa depressiva tem a mente depressiva, e uma pessoa positiva tem a mente positiva, ela sempre olha para as pessoas em outro contexto, e ninguém tem uma vida positiva com uma mente negativa.

Nossos melhores amigos (ou os nossos piores inimigos) são sempre os pensamentos que nós temos sobre nós mesmos, e quando falamos em mudar algo em nós, ou esperamos que alguém mude, normalmente nossa expectativa é que exista um esforço humano envolvido nisso, e é lógico que é louvável que tenhamos o desejo e nos esforcemos para que haja uma mudança de hábitos, uma mudança de comportamentos, mas a transformação verdadeira de qualquer pessoa está ligada diretamente a uma mudança de mentalidade. E é exatamente por isso que a maior necessidade que temos hoje é de renovar a nossa mente.

PROJETE O QUE VOCÊ QUER

Eu sempre tive em mente o que eu queria. Eu sempre mentalizei e projetei o que eu queria. No início era até uma brincadeira, mas eu me levava a sério. Hoje, para mim, aquilo que eu mentalizava e projetava é realidade. Quando eu era pré-adolescente e morava com minha família e meu tio também morava conosco, eu adorava brincar no quarto dele, fingindo que eu estava viajando para todos os lugares que eu queria conhecer.

— Fabiane, vem almoçar, menina! Como você demora! Todo dia você fica aí trancada no quarto do seu tio. O que você está fazendo? Se você não vier aqui em dez minutos para almoçar, vou aí te pegar.

— Tô indo, mãe! Eu já estou terminando.

— Terminando de fazer o que, menina?

E passa um bom tempo, minha mãe vem me buscar:

— Fabiane, eu estou te esperando para almoçar e você está aí deitada nesse chão em cima dessa toalha, de biquíni, com a luz acesa, gastando energia do quarto do seu tio! O que você está fazendo aí?

— Ah, mãe, eu estou tomando sol no Rio de Janeiro.

— Entendi. Ontem você estava tomando sol em Paris, hoje você está tomando no Rio de Janeiro, e amanhã você vai estar tomando onde?

— Ah, não sei...

— Ai, Fabiane, você só tem 14 anos, filha. Sempre sonhadora, né!? Vamos almoçar.

DELETE COISAS ANTIGAS

Se nós quisermos viver coisas novas, vamos ter que deletar coisas antigas, porque não conseguimos colocar uma mentalidade nova em cima de uma mentalidade velha. Para isso vamos começar uma mudança na nossa mentalidade, vamos entender o que é necessário para que executar essa mudança de mentalidade, e precisamos, primeiramente, mudar a condição da nossa alma, ou seja, das nossas emoções. Precisamos, com base no amor, fazer uma mudança naquela mentalidade antiga e ir substituindo os pensamentos, os conceitos e as ideias.

Para mim, particularmente, a palavra de Deus é algo soberano, imutável sobre todas as coisas, e se eu começar a me basear nos meus próprios pensamentos, no meu próprio entendimento, corro o risco de me tornar arrogante, vaidosa, soberba. "Eu faço, eu aconteço, eu acho". Quando eu uso esses termos "eu, eu, eu", excluo a minha parte espiritual.

Mas cada um pode viver sua espiritualidade do melhor jeito que encontrar.

Procuro abastecer o meu tanque todos os dias, procuro analisar o que estou pensando e filtrar os meus pensamentos também, porque quando fazemos isso na prática, estamos vivendo, na verdade, como seres espirituais.

Acabamos vivendo no piloto automático, e precisamos ser criteriosos com isso, para definir o que vai passar pela porta da nossa mente e vai chegar ao nosso espírito, e esse papel de vigilância é nosso. Se nos atentarmos para isso verdadeiramente, nossos comportamentos serão alterados. Ou seja, da mesma forma que transborda em nós, vai agir com as outras pessoas.

Se você for transformado, primeiramente na sua mentalidade, automaticamente os seus sentimentos e comportamentos vão acompanhar essa mudança, e, com a mentalidade renovada, você transbordará o amor naturalmente. Mas é importante que você esteja sempre confrontando seus pensamentos.

Quando vier um pensamento ruim na sua mente, você precisa confrontar esse pensamento: "Por que estou pensando assim? O que está acontecendo?". Despreze tudo o que estiver fora daquelas características que você definiu para renovar a sua mente. E acredito que você já tenha parado para pensar em que tipo de influência você tem deixado entrar na sua vida.

A informação que passa para nossa mente pode acrescentar vida, fé e ânimo. Ou ela pode roubar a vida, a fé e o ânimo. Somos o produto dos pensamentos que alimentamos continuamente, daquela imaginação retida, das memórias do passado que a gente escolhe lembrar, assim como a minha mãe me via deitada lá, todo dia, criando memórias. Não se engane achando que não tem chance de desenvolver uma linha errada de pensamento, porque não fazer nada com a sua mente já é um sintoma de que você está entregando a maneira de pensar.

Se você não está pensando em coisas boas, você deve estar pensando em coisas ruins, porque ninguém está pensando no "nada". Sabe aquele ditado "mente vazia, oficina do diabo"? Sempre existe uma influência. É como a atitude. Não ter nenhuma atitude já é uma atitude.

CULTIVE BOAS INFLUÊNCIAS

A força da influência externa é muito grande, ela é atraente, e o pensamento geralmente dominante na nossa mente é aquele que vencerá sempre os outros. Muitas vezes as pessoas não percebem o quanto elas têm sido influenciadas pelos amigos, por meio de conselhos, incentivos, ou pelo estilo de vida deles, às vezes pelo que eles ouvem.

E se desejamos crescer, amadurecer e cumprir o propósito para que fomos criados, devemos nos associar às pessoas com os mesmos valores, disposição e crenças. Não é preciso se excluir, nem deixar de conversar com outras pessoas. Mas, para amadurecer no seu propósito, tenha uma boa rede de pessoas que possa fortalecer você, alinhadas com seu propósito, para que você possa também fortalecer outras pessoas.

Precisamos nos cercar de pessoas que entendam a importância de ter uma vida intencional com valores definidos, propósitos claros, e juntamente com isso a importância de uma vida com espiritualidade.

Aqueles com quem nos associamos ou sobre quem constantemente exercemos influência também exercem influência sobre nós, sobre a nossa formação, sobre os nossos comportamentos. Por isso, entenda que só existem dois tipos de relacionamento: os que somam virtudes na nossa formação, no nosso crescimento e na nossa vida, e os que deformam, extraem e desequilibram a nossa vida. Seja seletivo!

MUDE SEUS HÁBITOS

Se quisermos mudar nossa mente, precisamos mudar nossos hábitos. E essa mudança de mentalidade na nossa vida traz muitos benefícios. Quando eu mudo realmente o meu pensamento, gero uma decisão que vai direcionar o meu destino de uma maneira correta, como eu quero. Meus pensamentos geram ações, atitudes, comportamentos e palavras, e essas minhas ações, atitudes, comportamentos e palavras intencionais e com valor geram hábitos na minha vida, e esses hábitos todos os dias vão determinar o meu caráter. Todas essas coisas andam ligadas umas com as outras. E o benefício é ter uma vida intencional, focada, direcionada.

Por exemplo, quando você aprende a dirigir um carro, você tem que pensar "eu preciso mudar a marcha, colocar na primeira, colocar na segunda, tenho que olhar para o retrovisor", porque você está aprendendo. É um grande esforço. Quando você aprende, seu inconsciente já sabe como dirigir um carro, e você pode entrar em qualquer carro que você saberá dirigir sem esforço nenhum.

Quando você tem uma mente transformada, quando tem uma mente renovada de verdade, não é mais necessário esforço. Seus pensamentos vão gerar sempre ações na sua vida na direção dos seus objetivos, seus hábitos vão ser muito simples, naturais, sem esforço. A mudança tem que ser consciente para ser consistente. Temos um motor na nossa vida, e ele não pode estar desligado, porque esse motor é a nossa fé, e foi feito para funcionar e ser usado.

Seus pensamentos vão gerar sempre ações na sua vida na direção dos seus objetivos.

Eu, com a Oliveira Foundation, com o trabalho que estou fazendo hoje, se não estiver com o meu motor da fé ligado, e não o colocar para funcionar, com certeza não vou ter como prosseguir. Preciso estar conectada, preciso estar ligada sempre, para que possa sair para fazer tudo aquilo que é necessário. Quando nossa mente está focada junto com o nosso interior e começamos a ser cheios da verdade, sempre estamos preparados para desenvolver todas as coisas, e isso é uma prática que devemos fazer sempre, porque a mente renovada sempre vai nos empurrar para tudo aquilo que é eterno.

MENTE SAUDÁVEL, BONS PENSAMENTOS E AÇÕES CONDIZENTES

Sabemos que uma mente saudável tem tranquilidade para lidar com as situações, vive uma qualidade de vida muito superior à das demais pessoas. Precisamos nos alimentar com bons pensamentos e ter ações condizentes.

Estamos todos os dias em constante processo de mudança, e precisamos cuidar dessas três áreas da nossa vida.

Precisamos cuidar do corpo fazendo coisas que são naturais do corpo, comendo bem e fazendo exercícios. Cuidar da mente e do espírito lendo coisas boas, indo atrás de pessoas boas, de bons relacionamentos, separando um tempo de qualidade para seu relacionamento com Deus, e sabendo que todos andam conjuntamente.

E eu vou te dizer algo: se você incorporar o exercício da renovação da mente na sua vida todos os dias, tenho certeza de que ela se tornará viva e forte a ponto de prevalecer sobre a mentalidade que você tinha antes.

Lembre-se sempre: somos o produto dos pensamentos que guardamos.

“EU TINHA UMA NECESSIDADE DE SAIR DE ONDE EU MORAVA, DE MUDAR A MINHA VIDA, DE CONSTRUIR UMA OUTRA REALIDADE PARA MIM, E QUE ESSA REALIDADE PUDESSE ALCANÇAR MINHA FAMÍLIA.”

CAPÍTULO 12

PRÁTICA DE IDENTIDADE EMOCIONAL 5: ACREDITE QUE É POSSÍVEL DEFINIR A REALIDADE

Quando escuto, leio ou vejo a palavra capacidade, para mim ela sempre vem atrelada a outra palavra, que é necessidade. Nem tudo de que temos necessidade temos a capacidade de obter. Mas quando sabemos onde estamos e aonde queremos ir, fica mais fácil entender como traçar um caminho, uma rota, para chegar lá.

Eu tinha uma necessidade de sair de onde eu morava, de mudar a minha vida, de construir uma outra realidade para mim, e que essa realidade pudesse alcançar minha família. Só que eu não pensava muito na capacidade que eu tinha, porque comecei a trabalhar muito cedo, sem saber conversar e falar direito, com vários vícios de linguagem, vinda de escola pública, repetente etc. Como eu teria a capacidade de fazer um concurso do Banco do Brasil, passar e mudar o rumo da minha história com 14 anos?

Quando temos uma necessidade muito grande das coisas, primeiro olhamos para nossa identidade, para quem nós somos.

Porque muitas vezes as necessidades se sobrepõem às nossas capacidades de fazer as coisas. Quando temos uma necessidade muito grande das coisas, primeiro olhamos para nossa identidade, para quem nós somos. E eu era uma menina que tinha força de vontade, garra, persistência, vontade de vencer, vontade de mudar, aquela menina que queria ser chique e rica.

Chique e rica para mim era trabalhar no Banco do Brasil, usar aquela saia lápis e poder comer uma pizza no final de semana. Para isso, eu precisaria desenvolver uma capacidade alicerçada na minha necessidade de mudança. Quando olhamos para uma necessidade, se ela é real, verdadeira, se ela queima dentro de nós, vamos ver que existe aquele impulso, aquela motivação para avançar e construir capacidade.

Nunca estaremos 100% prontos. Estamos sempre aprendendo, sempre nos descobrindo, mas é muito importante saber de nossos limites, de nossos fracassos, para avaliar melhor nossas forças e nossas fraquezas. Quando aprendemos a avaliar tudo isso, também aprendemos a usar nossa identidade espiritual, aquela que, mesmo que não vejamos, mesmo que não sintamos, nos permite ter fé de que pode acontecer o melhor. Quando ela se junta com nossa identidade física, com quem nós somos, e com nossa identidade emocional, com o que somos capazes, isso tudo faz aquele motor de tração funcionar e chegamos aonde pretendemos.

É muito importante entender que para atingir o que desejamos, para atingir nosso potencial, **precisamos ter clareza sempre de onde estamos e do que queremos fazer.**

Pela minha experiência, vejo que existem três tipos de pessoas, quando estamos falando de ter direção na vida:

pessoas que sabem o que querem e fazem	**Pessoas que sabem o que querem, mas não fazem**	**Pessoas que não sabem o que querem**

Pessoas que sabem o que querem e fazem: são aquelas que estão concentradas no seu propósito. Elas crescem em áreas que as ajudam a atingir seus objetivos e fazem o que foram criadas para fazer. A melhor palavra que descreve essas pessoas é a realização. Elas querem, fazem, realizam e atingem seus objetivos.

Pessoas que sabem o que querem fazer, mas não fazem: são as que acreditam que "eu não estou pronta para fazer", "se eu for fazer isso agora eu vou correr um risco", "hoje eu não tenho uma estabilidade", "eu não posso negligenciar nenhuma responsabilidade na minha casa". Ou seja, elas não estão dispostas a pagar nenhum preço, a correr nenhum risco, a aprender, a crescer e se aproximar do que elas desejam para a vida. Então, não importa a causa, essas pessoas sempre vão deixar de desenvolver seu potencial, porque estão olhando para aquilo que elas querem, mas não querendo correr nenhum risco, nada, para alcançar aquilo que desejam.

Pessoas que não sabem o que querem: são as que estão confusas, que não têm um senso de propósito, não estão crescendo, não estão concentradas no processo, são superficiais, e não conseguem desenvolver seu potencial porque não têm ideia de onde querem chegar.

I O OBJETIVO E A JORNADA

Muitas vezes ouvimos: "Curta o processo, curta a jornada". Mas às vezes o processo é dolorido. Tem áreas escuras. Tem obstáculos. Tem trechos íngremes, perigosos, pedregosos, de difícil transposição. E se não estivermos olhando nosso objetivo lá na frente, é difícil querer seguir. Precisamos nos perguntar sempre: "Eu reclamo ou eu avanço?", "Esse caminho pelo qual estou passando vai me levar para um até meu objetivo?". Porque você nunca vai poder fazer as duas coisas para viver bem: avançar e reclamar.

O processo pelo qual estamos passando é difícil e não vai sumir e nem diminuir se reclamarmos. Mas nossas palavras produzem em nós comportamentos, como já falei anteriormente, e podem ser combustíveis ou paralisadoras. Podemos usá-las para colocar gasolina ou água para apagar. A escolha é sua.

Para atingir o que deseja no futuro, não vai haver ausência de problemas, mas vai existir a capacidade de entender que você pode lidar com todos eles. E cada passo que você der nesse processo certamente vai ser muito melhor do que você um dia imaginou.

Você vai perceber que o caminho, a luta, as dificuldades não se encontram no caminho. Eles são o próprio caminho para que você possa chegar a algum lugar.

E o caminho sempre vale a pena. O Senhor fala: "Eu sou o caminho, a verdade e a vida...". E é nesse sentido que precisamos curtir a jornada. É no caminho que vamos entender como usar uma metodologia melhor, é no caminho que vamos avaliar nossas experiências, para que no final possamos apresentar algo que valha a pena. Não podemos deixar que a dor, a ansiedade e o medo endureçam nosso coração.

Muitas das lições que aprendemos na vida vem dos nossos erros, dos nossos piores erros, e precisamos olhar para isso com muita verdade, com muita humildade, assumindo nossa vulnerabilidade, aquilo que sentimos. Às vezes, você sente que vai ficar preso em uma rotina para sempre, que o processo nunca vai passar, que está horrível. Mas sempre vai existir um novo amanhã. Independentemente do que acontecer, sempre vai ter um novo amanhã para mim e para você.

É importante que você se lembre, quando sentir vontade de desistir, que às vezes as coisas precisam dar muito errado antes de darem certo.

Eu lembro que meu marido, em 2007, estava obcecado por prestar serviços para a Febraban, no Rio de Janeiro. Ele queria entrar na licitação desse órgão e fez de tudo para isso. Nós ganhamos a licitação, só que não tínhamos nem experiência em logística bancária e nem o conhecimento desse segmento. Trabalhávamos em shoppings, em lojas de rua entregando malotes, mas para bancos nunca havíamos trabalhado. Mas o Thiago queria.

Passaram-se algumas semanas e entendemos que essa operação estava dando tanto problema que estava tirando toda a atenção da operação geral da nossa empresa. Todas as áreas tinham alguém envolvido com esse projeto, de tão trabalhoso que estava sendo.

Thiago tinha voltado de uma viagem para a China e foi direto ao Rio de Janeiro para acompanhar a operação. Eu tinha feito uma reserva para ele no hotel, e uma funcionária me ligou e falou:

— Você fez uma reserva no hotel, mas ninguém apareceu.

— Como ninguém apareceu? Meu marido chegou aí ontem, eu falei com ele.

— Não, ele não chegou. Ele pode estar no Rio de Janeiro, mas ele não chegou aqui.

Eu liguei para ele e falei:

— Thiago, você chegou antes de ontem e não foi para o hotel. Onde você está?

— Fabi, estou aqui no galpão há dois dias. Não saí daqui, não tomei banho, não dormi, porque é minha responsabilidade entender o que está acontecendo com essa operação, porque ela está desestruturando tudo o que fazemos hoje na empresa.

— Mas não temos um gerente operacional?

— Sim, nós temos, mas é minha responsabilidade estar aqui junto com ele, para entender o que está acontecendo, ele com a visão dele e eu com a minha.

Ele acabou ficando uma semana no Rio de Janeiro, para que pudéssemos assumir o problema e entendermos que o contrato não era viável para nós. Que o modelo da operação dali a um ano ia quebrar. E meu marido teve que olhar para dentro dele, para o ego dele, para sua vaidade, e saber que estávamos trabalhando com todos os bancos do Rio de Janeiro, transferindo malotes para todos os bancos do estado, mas aquilo não era para nós, para o tamanho em que estávamos.

Poderia ser para outro tempo, para outra estrutura, mas não era para nós naquele tempo. E teve que assumir a responsabilidades e dizer: "Eu errei, não deveria ter pegado esse contrato, vou devolver o contrato, não vou seguir com ele". E foi o que ele fez.

E as pessoas falavam: "Você é maluco, fica, porque ele pode dar prejuízo, mas depois...". Mas ele olhou para tudo o que nós estávamos passando e disse: "Não, eu não vou seguir, não importa o que as outras pessoas falem, que digam que eu não tive capacidade de administrar, que eu deveria ter feito isso ou aquilo. Do mesmo jeito que eu quis muito, que assumi essa responsabilidade e fiz de tudo para dar certo, eu preciso agora ser vulnerável e dizer que errei, que isso não funciona para nós".

Ele devolveu o contrato da Febraban e depois passamos por processos muito duros, como já contei. Nós precisamos ter responsabilidade de assumir nossa vulnerabilidade diante das coisas, para que tudo possa acontecer de uma maneira boa, e que seja intencional. A responsabilidade começa de baixo para cima.

Primeiro, assuma a responsabilidade de colocar sua própria casa em ordem. Então, assuma a responsabilidade por sua família. Então, talvez de uma empresa ou organização. Aí sim você pode considerar assumir a responsabilidade por sua comunidade.

Mas é dessa forma que você muda a sua realidade, sai do lugar em que está e chega aonde quer chegar. Reconhecendo seu objetivo, sua necessidade, entendendo as dificuldades da jornada, suas vulnerabilidades, sabendo da sua capacidade e se preparando para aumentá-la. Com isso você chega do outro lado e modifica sua vida. Antes disso, é só o sofrimento e a dor do caminho.

“QUANDO TEMOS ESPERANÇA, TEMOS GRANDES EXPECTATIVAS PARA O FUTURO. ÀS VEZES, NÃO TEMOS UMA VISÃO CLARA DE COMO CHEGAR LÁ, MAS ESTAMOS PRONTOS PARA A AÇÃO, PORQUE A ESPERANÇA COMEÇA COM ALGO QUE ACREDITAMOS, QUE PODE SER MELHOR, QUE PODE SER MAIOR. E O QUE ALIMENTA ESSA ESPERANÇA É A FÉ. QUANDO VOCÊ ACREDITA QUE PODE FAZER A DIFERENÇA, COMEÇA A TER AÇÕES QUE FAZEM VOCÊ AGIR ASSIM.”

CAPÍTULO 13

PRÁTICA DE IDENTIDADE EMOCIONAL 6: TORNE-SE CAPAZ COM A ESPERANÇA

••••

"A esperança tem duas filhas:
a indignação e a coragem."
AGOSTINHO DE HIPONA

Esperança é colocar em prática suas crenças. Pode ser que você esteja indignado e precise pensar. A indignação ensina a não aceitar as coisas como elas estão, e a coragem nos faz avançar para a mudança.

Poucas palavras são tão positivas e promissoras na vida quanto a esperança.

A esperança pode ser o maior recurso de uma pessoa, e muitas vezes ela é a diferença entre o sucesso e o fracasso que nós administramos para tudo na vida. A esperança não é acreditar, não é ser otimista, não é ser iludido. Porque o otimismo é a pessoa acreditar que as coisas vão melhorar, mas a esperança é a fé de que juntos podemos melhorar as coisas.

O otimismo é uma virtude, mas ele é passivo. A esperança é uma virtude ativa.

E, claro, se você for perguntar para uma pessoa: "Você prefere ser otimista ou pessimista?", provavelmente as pessoas escolherão ser otimistas. Mas se optassem por ser esperançosas, isso seria melhor:

- Pessoas com pouca esperança evitam o problema. Pessoas com muita esperança se envolvem para solucionar o problema.
- Pessoas com pouca esperança focam os sintomas. "Por quê?", "Vamos ver o que aconteceu". Pessoas com muita esperança focam a solução, para resolver.
- Pessoas com pouca esperança geralmente alimentam seu medo. Pessoas com muita esperança geralmente alimentam a fé.
- Pessoas com pouca esperança por vezes se cansam. Pessoas com muita esperança se cansam, mas estão sempre inspiradas a fazer.

Quando temos esperança, temos grandes expectativas para o futuro. Às vezes, não temos uma visão clara de como chegar lá, mas estamos prontos para a ação, porque a esperança começa com algo que acreditamos, que pode ser melhor, que pode ser maior. E o que alimenta essa esperança é a fé. Quando você acredita que pode fazer a diferença, começa a ter ações que fazem você agir assim. E sempre que uma pessoa age, ela vai poder fazer a diferença.

A esperança faz com que possamos identificar ações específicas na nossa vida que podem criar mudanças positivas. Eu sempre tive esperança em mudar a minha vida, em fazer uma história diferente, em viver uma história diferente dos meus pais. Não que eu não honrasse pai e mãe, mas a esperança que eu tinha em mudar intensificou as minhas metas, me deu uma direção de trabalho duro, de não perder meu tempo. Você precisa ser intencional com aquilo que deseja.

Eu sempre tive esperança em mudar a minha vida, em fazer uma história diferente, em viver uma história diferente da dos meus pais.

E com isso vamos criando força de vontade, porque se você for pensar em tudo o que vive hoje, as maiores coisas sempre foram realizadas por pessoas que achavam que aquilo ia funcionar. Quando as pessoas não têm esperança, elas não fazem nada, mas as pessoas com esperança têm força de vontade para continuar acreditando, trabalhando para tornar seu mundo um lugar melhor. Então, automaticamente, as pessoas que têm grande esperança encontram maneiras de melhorar sempre seu mundo, porque a esperança alimenta uma mentalidade de positividade, de criatividade.

As pessoas, quando são esperançosas, conseguem brilhar em situações que são ruins, que são negativas, porque podem fazer o equilíbrio, o balanço entre um pensamento realista e o desejo de um futuro melhor.

CULTIVE A ESPERANÇA

Temos que conservar a esperança porque as circunstâncias atuais não determinam para onde vamos, ela sempre está apontando a nossa partida, o começo, não importa onde você nasceu, não importa se faltou algo, não importa nada. Ali é só a sua linha de largada. Quando você desenvolve e cultiva a esperança, torna-se otimista em relação ao seu futuro, sente-se confiante e fica motivado para agir.

Cultive a esperança em você. Faça algo com outras pessoas que também têm esperança, porque a esperança é sempre contagiosa.

Eu tinha esperança de que este livro ia sair, eu tinha esperança de que as coisas poderiam dar certo, eu me juntei com pessoas que têm a mesma esperança, pessoas que queriam fazer algo positivo, e aí tudo deu certo.

Entre ser uma pessoa otimista na vida e uma pessoa esperançosa, prefira ser esperançosa,

“TEMOS GRANDES SONHOS, MAS POUCAS PESSOAS REALMENTE FAZEM O QUE É PRECISO PARA ALCANÇÁ-LOS.”

CAPÍTULO 14

VIVENDO UMA VIDA INTENCIONAL

••••

Se você quer ter sucesso e fazer a diferença, deve desenvolver um estilo de vida intencional. Quando digo intencional, me refiro a ter a intenção, o foco no seu objetivo, no que você quer, e agir intencionalmente nesse sentido. Fazer as coisas com a intenção única de levar sua vida nessa direção.

Eu já compartilhei vários episódios da minha vida em que precisei ser muito intencional. No banco, trabalhando de babá, no Grupo Benassi trabalhando de manhã e estudando à noite, quando fui empreender, quando não tinha dinheiro para a faculdade, quando tinha dívidas na IS. Mas eu era intencional com aquilo que eu precisava fazer. Os recursos que eu tinha eram escassos, mas eu os utilizava de uma maneira intencional, focada. Um carro parcelado em 60 meses? Sim, era parcelado quando eu comecei, mas intencionalmente, porque eu precisava ter o automóvel para cumprir toda a minha agenda.

Tenho aprendido muito, tanto na vida quando com grandes líderes, que o segredo do sucesso de uma pessoa é determinado por sua programação diária.

O que planejamos e o que fazemos no dia a dia torna-se o estilo da nossa vida.

E o estilo da nossa vida, mais que qualquer outra coisa, afeta seu resultado. Se você quer ter sucesso e quer fazer a diferença, tem que desenvolver um estilo de vida intencional.

Todos os dias, acordo observando o estilo de vida do meu marido: ele faz exercícios diariamente, o que para mim às vezes é muito chato. Mas sei que se eu quiser ter sucesso com minha saúde, com o meu corpo, com a maneira como me sinto, preciso cumprir com minha programação diária. Pessoas intencionais entendem que tomar medidas consistentes e intencionais melhoram sua vida e a vida de todos os que estão ao seu redor.

Temos grandes sonhos, mas poucas pessoas realmente fazem o que é preciso para alcançá-los. Converso com pessoas que sonham em morar fora, mas não fazem nada intencionalmente para que isso aconteça, uma ação que as leve do desejo à concretização. Tudo que fazemos, quando é intencional, gera uma ação na nossa vida, e é essa ação que nos capacita a continuar.

NÃO CONFUNDA INTENÇÃO COM VIDA INTENCIONAL

Quero frisar que uma pequena ação intencional é sempre mais poderosa que uma grande intenção, por maior que seja. Para estar no caminho certo de uma vida melhor, precisamos de uma ação intencional e consistente. A maioria de nós confia em boas intenções, esperando que isso seja suficiente para que alcancemos o sucesso. Mas há muita diferença entre uma boa intenção e uma vida intencional; quero que você perceba que as boas intenções, por si só, nunca são o suficiente para mudar seu estilo de vida.

Se tudo o que você fez até agora foi cultivar boas intenções, mas nunca agiu intencionalmente, é mais provável que fique mais frustrado que realizado, porque seu desejo de mudança pode aumentar, mas a falta de resultado vai sempre deixá-lo frustrado.

> **O que você precisa para ser uma pessoa de sucesso é viver de forma intencional.**

Pode ser que você já tenha perguntado isso muitas vezes e passou por sua cabeça que era necessário oportunidade, educação, dinheiro, networking com pessoas influentes, o reconhecimento de outra pessoa, nascer com dom específico. Tudo isso é verdadeiro, tudo isso é bom e válido, mas se você conseguir refletir, acredito que vai chegar à conclusão de que a chave para o que você deseja e que precisa alcançar na vida virá da sua intencionalidade. Vai constatar que você é o único responsável pela vida que está vivendo.

Não posso responsabilizar ninguém nem pelos meus erros, nem pelos meus acertos, porque eu sou a responsável, sou a pessoa que pode fazer as escolhas, sou quem tem que trabalhar na minha vida de forma intencional. E essa forma intencional vem acompanhada de responsabilidade. Precisamos ser deliberativos, ou seja, ser intencional nunca é agir por acaso. É preciso que a pessoa pense em sua vida, planeje, considere aonde quer chegar, o que pretende fazer, que tenha consistência. Se tomamos uma decisão hoje, vamos manter, cumprir todos os dias, semana após semana, ano após ano, porque a vida intencional é uma jornada, não é um destino. A partir do momento em que você sair dessa jornada não vai chegar ao seu destino, e para tudo isso vai precisar ter uma dose muito grande de determinação, porque ser intencional é uma escolha, mesmo enfrentando obstáculos e desafios.

Fazer a diferença sempre requer um esforço constante de todos nós. É assim que sempre aconteceu na minha vida, é assim que acontece na vida da maioria das pessoas. Mas tudo começa com humildade. Você precisa reconhecer a sua necessidade de crescer, de se desenvolver, e isso significa deixar o orgulho de lado e ser honesto consigo mesmo, porque o crescimento tem continuidade quando você se compromete a seguir um plano que o ajudará a crescer.

Isso não é automático, e não vivemos de forma intencional com o tempo. A vida intencional também é um processo que nós precisamos cumprir todos os dias. Temos que agregar alguns valores que norteiam a nossa caminhada, e entre eles está o trabalho duro. Trabalhar duro significa mais que apenas fazer o trabalho. Muitas pessoas dedicam um pouco de esforço ao trabalho, mas não se esforçam ao máximo. É preciso se esforçar o máximo possível todos os dias, sentir orgulho do trabalho e procurar maneiras de torná-lo cada vez melhor.

O trabalho é um valor muito importante, porque é a chave do sucesso da nossa vida. O talento é uma coisa muito boa, habilidades são valiosas, mas o trabalho duro nos leva sempre para o próximo nível. E não traz apenas sucesso, mas uma profunda satisfação pessoal.

Não importa se você trabalha para uma empresa ou se é seu próprio gestor. Entenda que você é o líder mais importante.

Pessoas que não vivem de maneira intencional têm um pensamento comum e se limitam a fazer o esforço que seu trabalho exige, ou que as pessoas exigem dela. Mas pessoas que acreditam no trabalho árduo se esforçam mais e se orgulham sempre do que fazem, e se veem como seu próprio gestor, buscando a excelência, fazendo o melhor, orgulhando-se do seu trabalho e tendo profunda satisfação pessoal, fazendo mais que o necessário.

Viver com integridade é algo que você decide fazer uma vez e conquista dia após dia.

Você pode decidir ser uma pessoa íntegra, e essa decisão vai ser testada todos os dias na sua vida, com seu modo de relacionar na vida. Fazer o que você diz que vai fazer e agir de acordo com os seus valores sempre vai gerar confiança e, com o tempo, isso também vai gerar uma reputação positiva, porque a integridade sempre é algo pelo qual vale a pena trabalhar.

AS PESSOAS VALEM PELO QUE SÃO

Hoje em dia, no mundo em que vivemos, de internet, de mídia, de redes sociais, as pessoas sempre tentam parecer melhores do que realmente são. Tudo isso torna fácil criar uma imagem de nós mesmos, que nem faz parte de nós, com os filtros e tudo que a tecnologia propicia. No entanto, não adianta aparentar algo para as outras pessoas se isso realmente não é verdade, porque no final, uma vida de fingimento nunca vai trazer satisfação. Vamos viver com aquela dúvida: *"Se alguém descobrir, se alguém souber que não é verdade"*, e isso, internamente, sempre trará estresse, ansiedade, porque a falsidade sempre prejudica nossa credibilidade.

A verdade, a integridade e a humildade são muito importantes, e dar valor para a autenticidade, para aquilo que é bom e agradável, é muito melhor que viver de aparências.

Valorizamos as pessoas pelo que elas são, não pelo que elas têm, mas o mundo em que vivemos às vezes obriga você a ter uma aparência muito melhor do que realmente desfruta, para que possa ser reconhecido e respeitado. Embora eu trabalhe fortemente para que isso não ocorra, para que possamos valorizar o indivíduo, e depois ele possa ter a oportunidade de ter grandes resultados, sei que vivemos em uma sociedade em que as coisas não funcionam bem assim.

É melhor ter coragem de fazer a coisa certa, mesmo quando é difícil, e é melhor voltar atrás, confessar os erros, e não ter compromisso com o erro, tentando voltar e fazer o que é certo.

Um dia eu fiz uma reunião de trabalho e naquela empolgação toda falei para a pessoa: *"Vamos fazer, vai acontecer, eu quero fazer esse contrato"*, e depois eu fui pensar bem e falei: *"Eu não estou sendo intencional com o fechamento desse contrato"*. Porque nós temos que nos mover por propósito, por uma coisa que acreditamos, e não olhar para as coisas por uma necessidade que temos no momento, mas que vai passar depois. Então voltei e falei para a pessoa: *"Me desculpe, eu me equivoquei, quero voltar atrás"*.

Acredito que sempre há esperança quando vivemos com integridade, mesmo quando falhamos. As pessoas têm a capacidade de entender isso, e de reconhecer também quando alguém está sendo íntegro, querendo trabalhar com bons valores. Sabemos que querer ser íntegro é uma coisa, mas tomar a iniciativa, estar pronto e falar "eu errei, mas vou tomar a iniciativa de voltar atrás" é outra mais difícil.

Todos falhamos, e é essencial que entendamos que adotar um comportamento ético em tudo o que fazemos não necessariamente vai nos tornar automaticamente uma pessoa rica e bem-sucedida, mas certamente vai abrir o caminho para que possamos ter sucesso.

Quando podemos agir com ética, estamos na linha de fazer a coisa certa. E sabemos aquilo que é certo quando conseguimos nos comportar naquelas situações mais difíceis, que estão carregadas de pressão, agindo com ética, integridade, transparência.

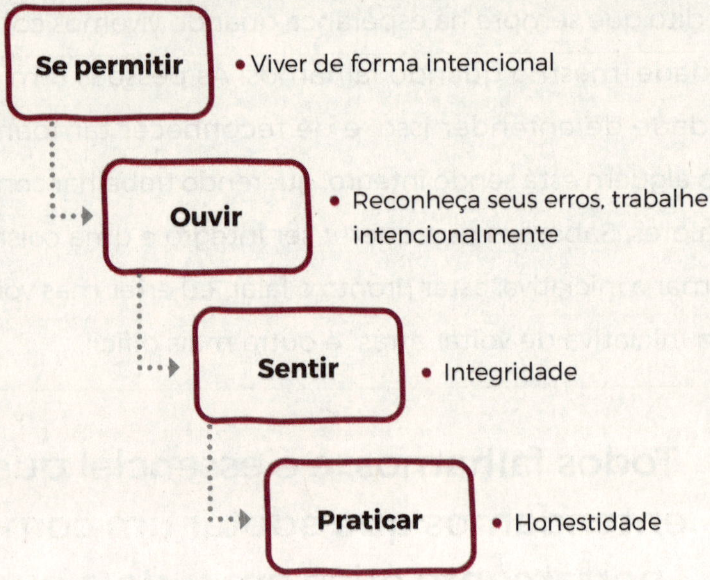

Eu sei que as pessoas esperam que sejamos todos éticos e acho que devemos ser, mas se você parar para pensar, a ética sempre está acompanhada da honestidade, que é a base de um relacionamento saudável em todos os âmbitos. Se você é uma pessoa honesta, você é confiável, e as pessoas sabem que sua palavra é boa e vão poder contar para você a verdade. Isso sempre acontece comigo; no trabalho, quando estou dando uma mentoria, as pessoas não hesitam em me falar a verdade, ser honestas comigo, porque eu também não hesito em falar a verdade para elas, ser honesta com elas.

Eu empreendo há mais de vinte anos e sempre falo para meus colaboradores e para as pessoas que caminham comigo: a honestidade precisa ser um valor para nós, porque certamente ela é a melhor política. Se você demonstra que é honesto, que é justo, sincero em todas as suas negociações, as pessoas têm a certeza de que vão querer desenvolver negócios no futuro com você.

> **A honestidade no mundo que estamos vivendo causa até um choque, mas os benefícios de ser honesto são muito superiores.**

Você sempre vai ser conhecido e respeitado como uma pessoa que diz a verdade, sua consciência sempre vai estar tranquila, você vai estar tranquilo com as suas decisões e sua palavra. Quando você é honesto já vale, as pessoas já acreditam em você, e isso permite que existam relacionamentos fortes.

INFLUÊNCIA E LIDERANÇA

A influência nada mais é que uma forma de liderança. Como diz John Maxwell, *a liderança em uma palavra é influência.* Independentemente, se você se considera um líder ou não, você lidera pessoas todos os dias. Muitas pessoas aceitam a definição tradicional de líder, que é alguém que tem um título, alguém que tem uma posição, mas a liderança é uma influência, uma capacidade de influenciar outra pessoa com palavras, com decisões, comportamentos e caráter. Muitas pessoas não sabem como liderar, mas a liderança pode ser definida por um comportamento que não depende de posições ou títulos.

Você tem sempre a oportunidade de influenciar as pessoas ao seu redor exercendo a liderança que existe em você.

Por isso tenho trabalhado durante muitos anos para que influência e liderança sejam sempre acompanhadas de muito valor. Se você é um líder de valor, vai desenvolver com sua equipe, em tudo que você faz, coisas de valor. Tudo o que for influenciar será sempre positivo e valoroso. Se você é um líder que influencia, mas não está sobrecarregado de valores, podemos ter certeza de que virão grandes problemas pela frente.

Embora possamos ter autoridade para controlar fatores limitados num ambiente de liderança, influência, sabemos nos relacionar com as pessoas. Ser uma pessoa de confiança é o fator determinante que cria em todo lugar cooperação, produtividade e performance.

Inicialmente, a sua influência pode ser simplesmente uma extensão dos seus relacionamentos; quando há uma conexão saudável que respeita seus amigos, sua família, sua equipe de trabalho, é possível desenvolver algo em conjunto para realizar as melhores coisas que você faria de uma forma independente. As pessoas que se destacam, os maiores líderes que têm influência, conhecem primeiro a si e depois as pessoas que estão com ele. Ele descobre os pontos fortes, únicos de cada indivíduo, aprende como aproveitar a energia de cada um.

Eu tenho vários exemplos que acontecem comigo em casa, quando precisamos liderar nas situações. Temos três filhos com habilidades diferentes, com vontades diferentes, então quando é domingo e precisamos ir para algum lugar que um deles quer e de repente os outros dois não querem, preciso exercer influência e dizer: “Olha, estava pensando em ir nesse lugar que a Mariana deseja, mas penso que não tem nenhum problema hoje em acatar esse passeio, porque nós somos uma família unida, somos uma família que gosta de sair uns com os outros, e é um evento diferente”.

Temos que usar sempre a influência em tudo para que possamos alcançar nossos resultados.

E a maioria de nós não começou como líderes, desenvolvendo uma boa influência, mas precisamos treinar isso todos os dias, porque se você valoriza ser uma pessoa influente, uma pessoa de valor, vai se esforçar para desenvolver sua capacidade de liderar.

E a boa notícia é que você pode crescer e se desenvolver como líder, aprender todas as habilidades que são necessárias para que possa inspirar, influenciar pessoas, começando primeiro a aprender a se comunicar, se conectar. Depois, quando vê resultados e experimenta sucesso junto das pessoas. Eu gosto sempre de olhar para minha vida, que eu divido em vida pessoal, profissional e espiritual, e sempre estou ali: "Fabiane, você está liderando nessas áreas? Você está sendo influente nessas áreas?", porque é necessário. Entendemos que estamos liderando quando produzimos resultado, alcançamos o sucesso, e nossa experiência vai se multiplicando, impactando outras pessoas.

Eu percebo que estou liderando bem os meus filhos quando alguma coisa acontece e eles mesmos me repreendem (eu sempre falo que temos que trabalhar com valores e temos que estar com o emocional equilibrado), e às vezes eu estou muito brava com algo que me fizeram, um olha para mim e fala: "Nossa! Onde está o controle emocional? Nossa, não está existindo domínio próprio!", e eu fico muito brava de ouvir isso, mas disfarço, respiro fundo, porque percebo que estou liderando dentro, porque eles estão assimilando tudo o que estou falando, tudo o que estou fazendo. Essas coisas vão mostrando para nós que aquilo que estamos produzindo está sendo multiplicado e tem a possibilidade de impactar outras pessoas.

Eu quero encorajar você, que independentemente da sua idade, do seu cargo (como eu já disse, a influência não é posicional), quero que lembre que pode influenciar outras pessoas, e na verdade já deve estar influenciando muitas pessoas. A boa notícia é que você sempre vai poder escolher quem e como vai influenciar e qual impacto quer ter.

Quero que sempre lembre que você, com seu exemplo, sempre vai influenciar as pessoas, que suas palavras devem ser boas, sua conduta deve ser excelente, a sua atitude deve ser honesta, e com isso vai desenvolver muitos benefícios para a sua vida.

Comece por multiplicar valor na vida de outras pessoas, pois isso vai trazer a diferença no mundo que você vive, vai ter a oportunidade de compartilhar a sua visão, ter relacionamentos mais profundos, fazer sempre mais, compartilhando, inspirando outras pessoas a participar e desenvolvendo outros líderes.

E acredito que, assim como eu, você vai se apaixonar por ajudar outras pessoas a terem sucesso, porque devemos utilizar sempre a nossa influência e aproveitar a oportunidade para fazer a diferença, ajudando realmente outras pessoas a terem sucesso. Faça isso e experimente as mudanças que deseja.

“EU SABIA QUE A MINHA EMPRESA ERA IMPORTANTE PARA MIM, E QUE ELA TINHA MUDADO A VIDA DE VÁRIAS PESSOAS, INCLUINDO A MINHA. EU NÃO QUERIA SIMPLESMENTE ABANDONAR TUDO E DEIXAR MEUS FUNCIONÁRIOS DESAMPARADOS. EU HAVIA COMEÇADO A EMPRESA DO ZERO, TINHA DADO A CHANCE PARA MUITAS PESSOAS QUE NÃO SABIAM FAZER NADA, MAS QUE, COM O TEMPO, HAVIAM SE TORNADO PROFISSIONAIS INCRÍVEIS. EU ACREDITAVA QUE A EMPRESA ERA UMA ESCADA PARA A VIDA DOS OUTROS.”

CAPÍTULO 15

NÃO SE PERCA NO CAMINHO

••••

Quando a IS estava de vento em popa, muito próspera e rentável, Thiago recebeu uma proposta para vendê-la. E mais uma vez havíamos tido um "aviso" espiritual para fazer isso. Essa primeira proposta era para uma venda parcial, mas a mensagem era para vender totalmente. Então não aceitamos.

Esperamos um pouco mais e logo veio outra proposta de compra. Começamos a negociar com um fundo que queria adquirir 100% da empresa. O processo de venda foi longo e complexo, mas quando eles viram que tínhamos uma empresa de logística no Brasil sem "nenhum alfinete fora do lugar", ficaram impressionados. Contrataram a auditoria da Price Waterhouse Coopers e fizeram ligações para nossos parceiros para garantir que éramos pessoas idôneas.

A VENDA DA IS

Quando finalmente nos entregaram a proposta, Thiago buscou conselhos com seus amigos e também de grandes empresários. Alguns nos sugeriram que esperássemos mais um ano para vender, pois acreditavam que o valor poderia dobrar.

Havíamos caminhado até ali movidos pela nossa fé, acreditando que cada passo nos levaria para mais perto do nosso objetivo. Recebemos uma palavra do Senhor para vender nossa empresa e agora nos víamos diante de uma decisão difícil: ouvir os outros ou seguirmos nossa intuição?

Lembramos que há apenas alguns anos estávamos quebrados e tínhamos chegado até ali pela nossa fé.

Decidimos seguir o conselho que havíamos recebido na igreja e vendemos tudo naquele momento mesmo. Thiago ainda permaneceu mais um ano na empresa para garantir que tudo corresse bem na transição.

Durante esse período, também nos tornamos investidores do projeto Gerando Falcões do meu querido amigo Edu Lyra, quando ele ainda estava iniciando. Fomos a segunda empresa a aportar dinheiro na organização, ainda pela IS. Começamos juntos lá em 2011 e desde então temos apoiado a missão de transformar vidas nas periferias por meio de arte, cultura, esportes e educação. Depois, com a Oliveira Foundation, poderíamos ampliar e potencializar o impacto social que a Gerando Falcões já causava.

I MAIS MUDANÇAS

Depois que a venda da IS se concretizou em 2016, e a transição se deu sem problemas em 2017, nossa vida estava muito tranquila. Tão calma quanto nunca havia estado. E, como sempre, orei, em meu relacionamento íntimo com Deus: "Senhor, me mostra o caminho".

Pouco tampo depois, já em 2018, recebermos uma nova palavra do Senhor. A mensagem era assim: "Vocês já estão prontos para mudar. Não se preocupem com o idioma ou com a cultura. Vou providenciar todas as coisas para vocês". Interpretamos a mensagem como um chamado para mudar de país, já que a palavra "idioma" nos chamou atenção. Thiago sugeriu que a família fizesse um ano sabático nos Estados Unidos para experimentar coisas novas e proporcionar uma experiência única para os nossos filhos.

Naquela mesma noite, nós já estávamos pesquisando na internet passagem, lugares para ficar, escolas etc. Thiago encontrou uma casa para alugar na Califórnia, em uma região tranquila, a uma hora de Los Angeles, perto da praia e com uma atmosfera familiar. Providenciamos passaportes e tudo o mais que precisávamos para a viagem.

A Proseftur estava indo bem no mercado, mas não sabia bem o que fazer com a empresa, se colocaria uma gestão de fora ou se a fecharia. Pedir conselhos era essencial para mim, pois queria opiniões de pessoas que compartilhassem os mesmos valores e princípios que eu. Compartilhei tudo isso com Thiago, que me apoiou e me incentivou a buscar mentoria. Ele sabia o quanto a empresa significava para mim, e o quanto eu havia trabalhado duro para chegar aonde estava.

Em busca de mentoria, encontrei uma pessoa que me fez a pergunta que me fez repensar tudo: "Quanto você recebe por essa empresa?". Respondi que era cerca de 40 mil reais por mês, e que tínhamos cerca de 25 funcionários. A resposta da pessoa foi simples e direta:

"Fecha a empresa." Ela justificou que os funcionários seriam um problema constante, que eles ligariam o tempo todo, e que seria um grande peso nas minhas costas. A partir daí, me senti perdida e sem rumo.

Porém, eu sabia que a minha empresa era importante para mim, e que ela tinha mudado a vida de várias pessoas, incluindo a minha. Eu não queria simplesmente abandonar tudo e deixar meus colaboradores desamparados. Eu havia começado a empresa do zero, sem falar inglês ou espanhol, e tinha dado chance para muitas pessoas que não sabiam fazer nada, mas que, com o tempo, haviam se tornado profissionais incríveis. Eu acreditava que a empresa era uma escada para a vida dos outros, e não poderia simplesmente fechá-la e deixar todos desabarem.

Depois de refletir e orar, tive uma ideia: dividir a empresa em lucros e distribuir uma parte do meu capital para as pessoas mais antigas da empresa. Assim, poderíamos continuar tocando os negócios juntos e ver como tudo ficaria. Foi um desafio, mas conseguimos fazer dar certo.

As coisas foram acontecendo naturalmente. Os indivíduos já assumiram suas posições como parceiros, mas não me apressaram em nada. Quando deixaram a empresa, nós os compensamos e eles tiveram que se tornar pessoas jurídicas. Quando as pessoas confiam em você, compram sua visão, mesmo que não saibam exatamente aonde estão indo. Acredito que isso é uma grande responsabilidade da liderança, porque podemos levar as pessoas a um lugar bom ou arruinar suas vidas.

Hoje, olhando para trás, vejo que essa foi uma das decisões mais difíceis que já tomei na minha vida. A empresa passou por altos e baixos, mas nunca desistimos dela. E o mais importante, continuamos acreditando que é uma escada para a vida dos outros, e nunca deixamos ninguém desamparado.

A Proseftur manteve seu ritmo de crescimento anual, mesmo diante de um período de crise na economia, e entrou em uma nova fase de liderança, gestão e resultados. Investiu e mudou-se para uma sede própria em Jundiaí e recebeu novos especialistas na equipe para expandir seus trabalhos com a mesma excelência que permitiu o elevado nível de confiança dos seus clientes, quando parte dos serviços tinha envolvimento direto comigo. Aqui, a empresa se colocou completamente estruturada para o crescimento que continua a acontecer.

Como resultado disso, a empresa recebeu a Premiação de Qualidade Total de Administração e Gestão da Latin American Quality Institute do Panamá, consolidando a missão, como um agente transformador, na área de comércio exterior com credibilidade garantida, oferecendo o melhor serviço personalizado, com eficiência, competência e rastreabilidade de todos os processos.

Em 2018, a companhia foi estrategicamente ligada a empresas no Brasil e também no exterior, com na prospecção de fornecedores e clientes no exterior, na realização de estudos de mercados, o que propiciou aos clientes os melhores fornecedores e clientes mundiais. Nos posicionamos como uma assessoria de comércio exterior completa, fazendo a operação ponta a ponta, com a capacidade de cuidar de todos os processos da cadeia.

Em 2019 contabilizamos mais de 250 clientes, de multinacionais a empresários individuais, dos mais diversos segmentos, como bebidas, alimentos, autopeças, calçados, eletroeletrônicos, farmacêutico, química, petroquímica, supermercados, têxtil, entre outros. Participei como voluntária do Grupo Mulheres do Brasil, continuamos investidores na ONG Gerando Falcões, e me tornei também signatária da ONU Mulheres e do Pacto Global, e mentora a título *pro bono* de empreendedoras e instituições do terceiro setor. Junto com Thiago, criei também a Proseftur Corretora de Câmbio.

I APRIMORAMENTO PESSOAL

Como resultado de tudo isso, muitos vinham até mim com assuntos delicados, coisas que não se sentiam confortáveis em compartilhar com um coach ou terapeuta. "Fabi, vamos conversar, quero falar uma coisa que eu tenho vergonha de contar pra todo mundo. Eu quero contar uma coisa que não quero falar pro coach. Você é de confiança, vamos conversar". Esses momentos eram preciosos para mim, porque eu sabia que podia ajudar a aliviar um pouco do peso que aquela pessoa carregava.

Foi por causa desse meu talento em aconselhar que decidi fazer algumas formações para aprimorar ainda mais minhas habilidades. Como já tinha lido muito sobre liderança e influência, o primeiro curso que fiz foi o do John Maxwell. Para mim, ele era o "top dos tops" quando se tratava de liderança.

Depois disso, continuei buscando conhecimento e fiz outras formações, querendo absorver o melhor de cada uma delas para aplicar na minha própria empresa. Mas, acima de tudo, queria continuar ajudando as pessoas que me procuravam, dando-lhes um espaço seguro para compartilhar suas dificuldades e ajudando-as a encontrar soluções.

Minha casa sempre foi aberta para quem precisava de um lugar para ficar. Muitas vezes recebi pessoas que eu nem conhecia. Algumas ficavam por dias, outras por semanas, mas todas saíam com algo a mais, uma nova perspectiva, uma experiência que as ajudava a crescer como pessoa. Afinal, esse é meu propósito na vida: ajudar as pessoas a crescer e encontrar uma nova mentalidade no caminho.

O VISTO DEFINITIVO

Sempre soube que havia algo a mais na nossa viagem para os Estados Unidos do que simplesmente usufruir de coisas temporárias. Quando me mudei para Aliso Viejo – Califórnia, percebi que havia me separado do meio que estava, pois comecei a sentir que não estava sendo intencional nas coisas que fazia. Foi quando decidi que precisava mudar minha mentalidade e focar as coisas que realmente importavam: minha família, meus filhos e meu marido.

Durante dois anos, trabalhei muito e não conseguia encontrar tempo para me dedicar às coisas mais importantes da vida. Foi então que comecei a orar a Deus e percebi que precisava mudar a forma como estava vivendo. Afinal, se algo acontecesse comigo, minha família seria a única coisa que realmente importava.

Havia se passado um ano desde que chegamos aos Estados Unidos e, depois de superar algumas diversidades, decidimos que não iríamos mais embora. Mas para ficar legalmente no país, precisávamos de um visto definitivo de permanência. Mas como conseguir? O green card para nós seria impossível.

Um dia, me lembrei de que havia ouvido falar sobre o visto de habilidades extraordinárias. Decidi tentar. Apesar de não termos nenhum reconhecimento internacional, acreditávamos que nossa história de empreendedorismo e superação poderia ser extraordinária o suficiente para conseguir esse visto.

Procuramos um advogado para nos ajudar e, depois de contar nossa história, ele concordou em dar entrada em nossos pedidos. Foi rápido e incrível: em apenas 13 dias, nossos vistos foram aprovados! Com o visto de habilidades extraordinárias, eu e minha família finalmente poderíamos trabalhar e fazer o que quiséssemos. E depois dele veio o green card também, de forma tranquila e em tempo recorde.

I A OLIVEIRA FOUNDATION

Sempre fui uma pessoa com um relacionamento muito forte com Deus, por isso, costumo escrever bastante sobre nossas conversas e minhas reflexões. Tenho vários cadernos cheios de anotações, nos quais expresso meus pensamentos sobre liderança, pessoas, o tempo em que vivemos e muitos outros assuntos que me tocam.

No meu segundo ano aqui nos Estados Unidos, durante minhas reflexões espirituais, o Senhor me falou: "Agora é hora de começar um novo negócio". E pensei: "Outro negócio? Mas não estou pensando em trabalhar aqui". O que seria que o Senhor estava querendo dizer? Sabia que precisava renovar minha mente para entender o que Ele queria para mim.

Queria fazer algo para ajudar as pessoas, mas não queria fazer uma organização que tivesse qualquer cunho religioso. Pesquisando e olhando diversos trabalhos, começamos a pensar na criação de uma fundação. Entendi que liderança é sobre confiança. Quando as pessoas confiam em você, elas te seguem para onde quer que você vá. Em 2020, decidi que era hora de avançar. Eu queria abrir uma organização nos Estados Unidos e comecei a trabalhar fortemente para isso.

Alguns amigos me disseram que seria difícil, mas eu não me deixei desencorajar. E mesmo com meu inglês ainda incipiente, consegui abrir a organização e começar a trabalhar com ainda mais empenho.

Então decidimos chamar de Oliveira Foundation.

O sobrenome Oliveira sempre foi muito importante para mim e, quando me mudei para a casa em que moro na Califórnia, percebi que havia algo especial ali: seis oliveiras no jardim, quatro atrás e duas na frente. Parecia ser algo além de uma simples coincidência, algo profético, como se Deus estivesse confirmando que era para seguirmos em frente com essa ideia.

A fundação leva esse nome em homenagem à nossa família e ao símbolo que as oliveiras representam. Acredito que as oliveiras simbolizam renovação e perseverança, já que são árvores que podem viver por muitos anos e se adaptar a diferentes condições climáticas. No local em que uma oliveira é plantada, ela cura as plantas que estão ao seu redor. Mesmo que as plantas estejam morrendo, elas voltam a nascer de novo.

O início do trabalho fui eu, sozinha, atendendo líderes de comunidades, ensinando-os a como empreender, que era a minha especialidade. Foi incrível ver o impacto que esse trabalho teve na vida dessas pessoas. A cada sessão de mentoria ou coaching, eu podia sentir a renovação da mentalidade deles.

A partir disso, comecei a perceber que poderia fazer ainda mais. E decidi que iria ajudar as pessoas a renovarem suas mentalidades para que elas pudessem alcançar seus sonhos e objetivos por meio do conhecimento maior de si mesmas.

Comecei a gravar algumas falas e enviar para as pessoas e, aos poucos, isso foi se transformando em uma plataforma com diversos conteúdos. Por algum tempo, não fiz nada além disso. Não tirei notas, não contratei ninguém e deixei tudo apenas no papel. No entanto, a demanda continuava a crescer e eu não podia mais adiar as decisões necessárias.

Percebi que não estava conseguindo dar conta de tudo sozinha. Foi então que decidi chamar outras pessoas para me ajudar e organizar melhor o trabalho que estávamos fazendo juntos. Eu abri a Oliveira no papel, mas na verdade não tinha tomado nenhuma ação concreta para avançar com o projeto. Então, reuni essas pessoas e disse: "Já estamos trabalhando, é hora de nos organizarmos". A partir daí, começamos a agir e transformamos a Oliveira em uma empresa próspera e bem-sucedida.

A Oliveira Foundation começou a se expandir. É um projeto que cresce a cada dia, atendendo cada vez mais pessoas e transformando vidas. Acredito que cada um de nós tem um propósito na vida e que podemos alcançá-lo com a ajuda de outras pessoas e com um olhar renovado para as nossas próprias vidas.

Hoje, olho para trás e me sinto grata por ter tido essa oportunidade de fazer a diferença na vida das pessoas.

Acredito que, se cada um de nós fizer a sua parte, podemos mudar o mundo.

E é isso que me motiva a continuar renovando a minha mentalidade e ajudando cada vez mais pessoas a alcançarem seus objetivos e sonhos. Para mim, a Oliveira Foundation tornou-se uma missão de vida.

I JOHN MAXWELL

Em 2021, eu peguei covid. Na madrugada, com febre, em oração, ouvi nitidamente alguém falar para mim: "Passa um e-mail para o John Maxwell dizendo que você vai usar a metodologia deles para crianças no Brasil". Levantei e pensei: "Que loucura! Eu estou com covid, devo estar delirando. Como assim? Que metodologia? Passar e-mail? Eu não tenho nem inglês para tudo isso".

Abri meu computador, escrevi a mensagem no tradutor do Google e mandei para o site do John Maxwell, com quem eu já havia feito um curso. No outro dia de manhã, meu celular tocou e eu atendi. A pessoa do outro lado falava:

— Quero saber o que você quer com a gente, porque o nosso chefe quer saber o que você quer.

— Quero trabalhar com a metodologia de vocês no Brasil. Não sei muito bem.

— Como você não sabe? Foi você que contatou a gente.

— Eh... com a metodologia de vocês de criança.

— Mas o que você viu da nossa metodologia?

— Posso ser sincera com você? Isso pode parecer a coisa mais louca do mundo, mas eu estava de madrugada, com covid, e aconteceu (e contei). Por isso mandei o e-mail para vocês.

— Não acredito.

— Pois é, então quero saber como posso trabalhar com ela.

— Você tem uma ONG?

— Tenho sim, pequena, porque estamos começando agora. Mas não tem problema, me manda o material, que vou mandar traduzir para o português, e começo a trabalhar com as crianças na comunidade. Eu sou da Oliveira Foundation.

— Mas você não quer nenhum vídeo, ou uma carta do John Maxwell falando de você?

— Não.

— Tem certeza?

— Sim, porque quando eu ouvi que era para usar a metodologia, eu não ouvi que era para pegar vídeo do Maxwell, para me promover em cima dele. Só escutei que era para trabalhar com a metodologia. E sou fiel àquilo que eu recebo.

— Vou te falar uma coisa, você tem um bom relacionamento com Deus. Nós também temos aqui. Nosso material já existe no Brasil, já está em produção em português, mas estávamos esperando uma pessoa que dissesse: "Envie pra mim, não preciso de nada".

— Ah. E quem é essa pessoa?

— Você.

Desatei a chorar.

— Todos os brasileiros que vêm atrás da gente chegam dizendo que querem isso, que querem aquilo, querem promoção, querem marketing. Mas você está dizendo que não quer nada. E que vai traduzir do seu bolso...

— Sim, só estou pensando no que vou proporcionar a outras pessoas que vão receber esse material.

— Está tudo certo, vamos te enviar.

Então ela me mandou o material todo já traduzido para o português Eu revisei algumas coisas e comecei a imprimir, a colocar em apostilas, e começamos a trabalhar nas comunidades. Um ano depois, quando já estávamos atendendo as pessoas, outro membro da Fundação John Maxwell me ligou:

— John Maxwell está indo para o Brasil daqui a três meses para ver o que você está fazendo lá. Ele vai com um investidor. Precisamos que você organize um evento, uma reunião, com o governo.

Ele foi me falando do que precisava e eu fiquei só ouvindo. Porém, daquela vez era minha mãe quem estava internada no hospital com covid, nos Estados Unidos, e muito grave, intubada, na UTI. Eu ficava o dia inteiro com ela, depois à noite eu ia para casa fazer as minhas coisas. Eu falei:

— Minha mãe está na UTI com covid, não tenho condição nenhuma de ir ao Brasil, mas vou ver o que posso fazer.

— Mas precisamos promover esse evento. John Maxwell estará lá, está confirmado.

Fui então falar com quem sabia sobre tudo o que estava acontecendo: "Eu não sei o que o Senhor está pretendendo com isso. Só que o Senhor sabe que moro aqui, e isso que está sendo proposto para mim está bem além do que eu posso fazer, porque eu não tenho como promover isso, não tenho relacionamento com pessoas do governo. Eu trabalhava na área de empresariado, mas não conheço as pessoas públicas. Como vou fazer isso?

Naquela hora, uma paz muito grande me envolveu. Senti Deus falar para mim: "Filha, eu só preciso de alguém com quem eu possa trabalhar. O resto pode deixar que eu vou fazer".

Fui falar com o Thiago. E ele disse:

— Você, com esse seu jeito... Eu entendo que Deus provê todas as coisas, mas como você vai resolver um evento? É para daqui a três meses. Você não pode falar para a pessoa que você vai organizar um evento, uma coisa que você sabe que não vai fazer. A gente tem um nome no Brasil, demorou um tempo para a gente construir. E aí você se associa com um negócio que você não vai conseguir entregar?

— Thiago, só que eu tenho certeza de que eu senti que o Senhor vai realizar.

— Se você tem a certeza, se sentiu isso, então vai.

O tempo foi passando e nada. Passaram-se quinze dias e nada. E aí? Como vamos proceder? Passaram-se dezoito dias e então Márcio, um investidor social que sempre nos apoiava apresentando pessoas e contribuindo, nos trouxe Renata, do IECAP, que disse que queria começar o programa do John Maxwell no Brasil, e que eles tinham mais de vinte anos de transformação social no Distrito Federal. Fiz uma chamada de vídeo com a equipe dela, e eles começaram a me contar de toda a estrutura deles, a me falar de BI, indicadores...

Fui logo dizendo:

— Obrigada, mas não precisam me apresentar nada disso. Não ando nem com cabeça, porque minha mãe está internada na UTI com covid. Mas vou te falar o que é importante para mim: quero que você me fale quem é você.

— Como assim, quem sou eu?

— Quero saber onde você mora, o que você faz, do que você gosta, o que faz no final de semana, se você tem família. Pra mim isso é importante pra gente começar um relacionamento, trabalhando na transformação de outras vidas. Para que possamos entender quais são os princípios e valores das pessoas que estarão junto conosco, para depois entendermos o que faremos e que frutos podemos obter juntos de todo o nosso trabalho.

Ela me respondeu, e eu falei:

— Vamos fazer um teste com a metodologia. Vou passar agora para um outro setor, eles vão entrar em contato com você.

Na hora em que eu terminei de dizer isso, ela falou assim:

— Posso falar uma coisa? Engraçado você me perguntar tudo isso desse jeito, falando que você não está interessada em tudo o que já executamos até hoje. Você tem um bom relacionamento com Deus, né? Porque eu também tenho. Você precisa fazer um evento aqui no Brasil, não é? Quando entrei em contato com a pessoa que agora você representa aqui no Brasil, ela disse que você iria fazer um evento.

— Sim, a gente vai fazer.

— Como você vai fazer esse evento? Está precisando de alguma ajuda?

— Na verdade, eu nem sei, porque não conheço ninguém do setor público.

— Eu vou fazer esse evento para você. Se precisar, eu tiro a camisa do IECAP e visto a da Oliveira Foundation. Também tenho um bom relacionamento com Deus e sei que esse evento é para você.

Comecei a chorar.

— Mas você conhece as pessoas do setor?

— Sim, quem você quer? Já temos vinte anos de transformação social em Brasília.

Eu não acreditava. Bom, ela virou minha amiga-irmã. Na segunda-feira, ela já separou o time dela, juntou com meu time no Brasil, e só sei que eles organizaram o evento e eu entrei online do hospital. E deu tudo certo.

“QUANDO TEMOS UMA LIDERANÇA
DE VALOR, EFETIVA, UMA LIDERANÇA
COM INTEGRIDADE, GERALMENTE
TEMOS MOVIMENTOS SEMPRE
EXPLOSIVOS, PORQUE OS LÍDERES
MESMO SE DEDICAM PESSOALMENTE
A PESSOAS E ATIVIDADES QUE
VÃO MODIFICAR O MUNDO."

CAPÍTULO 16

UMA NOVA REALIDADE

••••

Depois de já ter percorrido todo esse processo de entender quem somos, quais são nossas raízes, nossa base, o que compõe a estrutura firme do indivíduo, o que podemos fazer para obter sucesso, o que é liderança e influência, precisamos começar a multiplicar essa liderança sobre a vida das outras pessoas.

INFLUENCIAMOS CUIDANDO

Influenciamos pessoas cuidando delas. Acredito que esse ciclo de cuidado já existe na natureza. Se você cuida de um pé de goiaba, entrega tudo o que ele precisa, daqui a pouco vai ter o fruto dessa goiabeira, porque você cuidou. Então, do mesmo modo que é a natureza, são as pessoas.

As pessoas precisam de cuidados não só físicos, não só emocionais.

Se você olhar ao seu redor, vai ver que tem muitas pessoas que precisam e querem ser alimentadas com reconhecimento, com encorajamento, com segurança, elas precisam conservar a esperança. E esse processo de alimentar-se dessa forma, não só de comida, é uma necessidade de todo ser humano.

Se você deseja se tornar uma influência na vida das pessoas, precisa começar por alimentá-las. E vejo que muitas pessoas que acham que alimentar as pessoas é corrigir as pessoas, é dizer o que elas precisam fazer, é dar aquele feedback construtivo do tipo "seus pontos fracos são esses, você tem que fazer isso, você tem que fazer aquilo", mas é muito difícil influenciar dessa maneira. Porque no processo todo de alimentação, da liderança de multiplicarmos o valor na vida das pessoas, está genuinamente a preocupação com a vida das pessoas.

Muitas das pessoas que desejam ser líderes e desejam ter seguidores só alimentam o seu ego.

É a sua vaidade que é alimentada pelo número de pessoas que estão lá, que estão seguindo, que estão com ela, se sentem indispensáveis para que as pessoas possam produzir, para que as pessoas possam performar.

E, ao contrário, líderes que preparam líderes tornam a si mesmos dispensáveis, porque eles querem mais do que seguidores, eles querem um legado, eles querem gerar uma transformação que realmente impacte a vida das pessoas.

A palavra "alimentar" sempre te remete a cuidado, porque você alimenta o seu filho, faz parte de um cuidado diário, e você não o alimenta somente quando tem um tempo livre ou quando é conveniente. Isso faz parte dos seus cuidados. Porque quando amamos, queremos que as coisas se desenvolvam, e da mesma forma quando queremos influenciar pessoas, ajudar pessoas ao nosso redor, temos que ter verdadeiramente esse sentimento de preocupação por elas.

E isso não pode se esgotar, não podemos daqui a pouco desgostar das pessoas, desprezá-las ou depredá-las. Nesses anos eu tenho vivido tanto com o empreendedorismo tradicional quanto com o social. Na Oliveira Foundation, eu vejo que geralmente tudo aquilo a que damos muita importância, se não tomarmos cuidado, nos faz perder o amor do começo. Eu vou explicar para que você possa entender melhor.

Eu estou trabalhando há quatro anos com lideranças sociais, por todo o Brasil, com pessoas que estão em vulnerabilidade social, e quando eu entro numa reunião, quando respondo uma pessoa diretamente, ela me fala indignada:

"Fabiane, eu não acredito que você está me respondendo pessoalmente. Você faz isso? Eu achei que agora que as coisas cresceram você ia passar para uma secretária nos atender, que você não ia mais falar pessoalmente conosco".

Eu entendo que muitas coisas mudam, e podemos mesmo fazer as coisas crescerem, mas penso que nós precisamos sempre guardar o amor e o respeito. Nós temos que realmente cultivar sempre esses sentimentos, e não achar que por ter mudado o "grau de importância", os relacionamentos precisam ser alterados também. Se o líder quer realmente deixar um legado, ele precisa dar atenção, precisa ter as pessoas realmente no centro; não importa se vamos ter uma reunião por mês, vai estar todo mundo ali, não importa como vamos fazer, mas precisamos ter isso como algo que queima no coração, para que possamos, de verdade, alimentar as pessoas e permitir que elas se tornem independentes de você. Se você não permitir que se tornem independentes de você, na verdade só vai deixar de contribuir com eles, não vai estar ajudando.

E você pode até me perguntar: "Mas Fabiane, será que eu devo mesmo alimentar as pessoas que eu quero influenciar? E se eles forem meus empregados na empresa, meus colegas de trabalho? Não é algo que eles podem já fazer em outro lugar e tá tudo bem?", e eu vou te dizer que não, porque a infeliz verdade é que todos, todos nós estamos desesperados por encorajamento.

Vivemos uma geração de líderes que são mais encorajadores, mais motivadores do que distribuidores de ações para que as pessoas possam se desenvolver, e possam atingir os mesmos objetivos. E mesmo se algumas pessoas em sua vida se puserem para cima, você ainda precisa continuar sendo um alimentador para elas, porque sempre aquelas pessoas que fazem as outras se sentirem melhor em relação a si mesmas vão ganhar um espaço maior.

Nós precisamos, como líderes, como pessoas de influência, sempre visitar a nossa motivação em ajudar e encorajar as outras as pessoas.

E agora que você já tem uma ideia sobre o que significa alimentar as pessoas, eu penso que você já está pronto para entender algumas áreas, e eu vou começar por uma que para mim é muito importante na base da liderança, que é o amor.

Líderes sabem que o encorajamento é o oxigênio da alma de qualquer pessoa, mas antes de demonstrar qualquer coisa na vida das pessoas, nós precisamos demonstrar o amor.

O AMOR FAZ DIFERENÇA

Nada é mais forte, nada é mais impactante do que o amor. Nós temos muitas declarações de crianças que achavam que não tinham valor, de crianças que não conheciam o seu potencial, a sua identidade, e por meio de um trabalho de alimentar o que elas são, o valor que elas têm e o quão importante elas são, começaram a se destacar no esporte, na escola.

Vemos que o amor faz a diferença mais do que o estudo, mais do que qualquer outra coisa. Eu tive essa grande sensação de alívio quando nós começamos a trabalhar com a Oliveira Foundation. Entendi que, dentro de tudo em que eu ajudava o ser humano (eu já trabalhava há muito tempo nessa área social, nós somos investidores sociais de várias ONGs que prestam serviço de alimentação, que levam moradia), sabia muito sobre essas coisas, e achava até quatro anos atrás que eram as coisas mais importantes, só que hoje eu ensino as crianças não só sobre alimentar-se, sobre vestir-se bem, sobre ter sustentabilidade, mas eu ensino que elas são capazes e têm valor.

Certo dia eu perguntei a uma criança como ela estava se sentindo depois de um ano de acompanhamento, o que achava que havia melhorado na vida dela, e ela disse: "Eu me valorizo mais, eu entendo o meu valor agora, e eu aprendi isso com vocês". E reagiu a isso, em amor, aprendizado, a tudo que ela é, de um modo que ela nunca reagiria à psicologia, à técnica, ou qualquer outra teoria que eu tivesse ensinado a ela.

Quando ela soube que nós estávamos preocupados com ela, com o futuro dela, com aquilo que é importante para ela, ela sorriu, porque sem amor não pode haver futuro ou sucesso.

Às vezes estamos em um ponto baixo da nossa vida, da nossa liderança, e o que precisamos é só de uma pessoa que nos dê um tapinha nas costas, um abraço, e nos diga: "Você é importante, tudo vai sair bem, tenha coragem, vamos seguir em frente".

Em tudo isso, o amor é acompanhado de muito respeito. E quando eu falo em respeito dentro da liderança, eu quero trazer para você que até a forma de ajudar a pessoa precisa ser para que ela se sinta digna, sempre de uma forma respeitosa.

Hoje, no mundo em que vivemos, sei que existe um trabalho muito grande para ajudar as pessoas que estão em vulnerabilidade social, mas dependendo de como você trata o ser humano, você desrespeita esse ser humano.

Pense comigo: quando eu te chamo para fazer uma reunião online comigo, você minimamente se arruma, ajeita seu cabelo, se prepara para esse encontro. Porque você tem o direito de ser respeitada, de se sentir pronta para estar ali, de se preparar, e quando eu vou ajudar uma pessoa que está em extrema vulnerabilidade, vou até ela e a encontro do jeito que está, em condições péssimas, deprimida muitas vezes, e preciso fotografá-la. Da pior forma que ela esteja, no momento mais horrível que esteja passando, e algumas pessoas me dizem: "Não, Fabiane, é porque nós precisamos mostrar a realidade para as pessoas". Precisamos convencer as pessoas a contribuir para fazerem o que estão fazendo, doarem. Mas será que estamos respeitando essas pessoas? Será que você deveria também aparecer na sua reunião online de qualquer maneira?

Quando eu tenho a minha própria liderança e quando quero multiplicar essa liderança na vida das pessoas, precisamos respeitar as pessoas. E respeitar as pessoas da forma mais simples até a mais profunda. Nós precisamos olhar pro indivíduo e refletir: isso aqui vai ser algo fortalecedor ou vai ser algo que vai enfraquecer ainda mais a identidade dele?

O respeito é algo muito importante, que precisamos entregar a todas as pessoas. Quando uma pessoa se sente respeitada, ela se sente encorajada, pode enfrentar e sobreviver a adversidades terríveis.

O encorajamento, aliado ao respeito e ao amor, pode mudar a vida de muitas pessoas.

A declaração de encorajamento da Anne, uma menina de 9 anos que também faz parte dos nossos projetos, foi: "Se eu não fizer algo por mim, ninguém vai poder fazer. Eu tenho uma mãe que é drogada, eu tenho um pai que é drogado também, mas eu entendi através do trabalho que vocês estão fazendo, através daquilo que vocês estão desenvolvendo comigo e me entregando, que eu tenho valor, mesmo que meus pais não estejam cuidando de mim da maneira que é necessário, eu me sinto encorajada a não escolher o mesmo caminho da mãe, o mesmo caminho do pai, e a escolher algo diferente para minha vida".

Essa garotinha de 9 anos se comprometeu a ganhar medalhas em todo campeonato de jiu-jítsu que ela entrasse, e ela coleciona várias medalhas. O olho agora se enche de lágrimas, porque o encorajamento tem o poder de transformar a vida das pessoas, e a falta dele também pode impedir uma pessoa de viver uma vida saudável, uma vida produtiva. E sempre quem dá ao outro o presente do encorajamento, do respeito, do amor, da integridade, se torna uma pessoa de influência. E quando nos tornamos uma pessoa de influência na liderança, nós nos tornamos uma fonte de alimentação.

Em vez de pensarmos primeiramente em nós, nós pensamos automaticamente o que nós vamos entregar pro outro.

Isso não acontece somente na vida das crianças, acontece na vida dos adultos também. Eu trabalho com muitos adultos, tanto nas empresas que temos quanto no projeto social, e o adulto precisa das mesmas coisas, para que como adultos entendamos que podemos crescer somando ou multiplicando. E líderes que preparam seguidores podem fazer a sua vida crescer, a sua organização crescer com uma única pessoa de cada vez. Mas quando líderes preparam outros líderes, sempre multiplicam o crescimento dos seus seguidores, porque os líderes que estão treinando também trazem consigo todos os seguidores que estão com ele.

Então vamos supor que a cada dez novos seguidores para sua vida particular ou seus negócios, você terá o poder de dez novas pessoas. Se você acrescentar dez novos líderes e tiver o poder desses dez líderes, mais todas as pessoas da influência deles, vai ver que tem uma diferença muito grande entre a adição e a multiplicação.

Vai ver como fazer crescer a sua vida, os seus relacionamentos, a sua organização, por equipes em vez de indivíduo.

Porque a liderança é isso, quando temos uma liderança de valor, efetiva, uma liderança com integridade, geralmente temos movimentos sempre explosivos, porque os líderes mesmo se dedicam pessoalmente a pessoas e atividades que vão modificar o mundo.

Então é muito importante que nós tenhamos isso fixo: que nossa liderança precisa ser superior e muito acima da média; precisa ser fundamentada sempre na justiça, e não na autossuficiência; que a nossa liderança é sempre particular, sempre vai estar baseada naquilo que nós somos, porque a liderança sempre vai começar com a nossa identidade, ela não é algo hereditário.

E quanto mais os líderes amadurecem, mais valorizam as pessoas, porque liderança não se trata de estratégia de marketing, de organização, eficiência ou produtos de alta qualidade, mas sempre de pessoas.

O grande valor que as pessoas nos ensinam é que elas são o bem mais valioso de uma organização, que as habilidades interpessoais são as qualidades mais importantes do líder.

Se você for bom para lidar com pessoas, poderá liderar em vários contextos. Você pode ter habilidade interpessoais e não ser um bom líder, mas não pode ser um bom líder se não tiver habilidades interpessoais.

A liderança sadia sempre vai nos permitir que todos vençam, o líder, ou seguidor, o grupo, e Deus espera que os líderes, aqueles que estão à frente, aqueles que querem gerar transformação na vida das pessoas, possam ser um carro forte, que eles possam proteger aquelas pessoas que ainda não têm uma visão muito clara de como podem liderar e autogovernar a sua vida.

A liderança é um estilo de vida, ela não é uma encenação, ela é realmente algo que precisa estar alicerçado e ser vivido todos os dias.

Ela não pode ser uma função externa, ela tem que ser interna, que vem sempre de dentro para fora, porque ela começa em quem nós somos, e não apenas no que nós fazemos.

Eu falo que os líderes podem usar máscara por um tempo, mas uma hora a realidade sempre vai se tornar evidente, sempre vai aparecer quem nós somos, o nosso caráter. Os líderes sempre motivam, eles não manipulam. Mas existem também aqueles líderes que não usam o caráter como uma forma de agir, eles têm um caráter fraco, são descomprometidos, falham em praticar uma liderança de serviço e acabam tornando-se servos de si mesmos; sem uma causa que busque sempre o aperfeiçoamento do ser humano, os líderes sempre vão encontrar uma oportunidade para servir os seus próprios interesses. E esse autosserviço acaba por se tornar um espinho na liderança dessa pessoa, porque quando nós não temos uma causa que seja realmente para nós, que brilhe os nossos olhos, é muito difícil que consigamos praticar a justiça, andar em humildade e conseguir dominar a nós mesmos.

É muito interessante que relacionamento e liderança não podem ser separados. E mais, os líderes sempre devem aprender a se relacionar com as pessoas com base em uma decisão, e não em uma reação. Nós devemos tratar as pessoas no seu individual, baseados nos dons interiores que elas têm, e não na aparência externa.

LÍDERES, DONS E TALENTOS

Os líderes conseguem identificar os talentos que existem nas outras pessoas, para depois colocar cada uma delas na posição mais adequada, encorajá-las a usar muito bem seus dons e os seus talentos. Isso acontece no mundo secular, do trabalho, mas a mesma coisa acontece na nossa vida.

Às vezes temos um amigo e queremos pedir um conselho para ele sobre filho, marido, trabalho, áreas da nossa vida, mas a pessoa não lidera nessas áreas, não se desenvolveu aí, então temos que reconhecer a posição adequada de cada pessoa até dentro da nossa vida, para que possamos ter relacionamentos que sejam realmente conscientes e não baseados em relações emocionais. Eu conto para minha amiga que tive um problema com o meu marido, com o meu filho, e em vez de ela, conscientemente, me ajudar com uma experiência, acaba reagindo de uma forma emocional, ficando com mais raiva do que eu porque gosta muito de mim, e acaba não me ajudando, deixando de contribuir de maneira assertiva, porque teve uma reação baseada no que ela sentiu.

Se você está tentando encontrar uma macieira, vai procurar uma árvore que seja lenhosa, alta, que tenha um tronco vigoroso, e, obviamente com maçã, porque certa árvore produz certos tipos de frutos. Assim também é na nossa vida, na nossa liderança.

Se nós estamos procurando alguém que tenha uma liderança forte, alguém que possa nos impulsionar, devemos procurar alguém que já tenha vivência disso, cujas ações sejam coerentes com as palavras.

Esse é o princípio que devia reger a nossa vida. Isso é algo pragmático, que realmente produz mudança e que trabalha.

Eu não acredito, conforme diz a Bíblia, que as nossas obras vão nos salvar, mas não podemos reconhecer a nossa liderança se ela não gerou fruto na vida das pessoas que passaram por nós. Precisa existir um resultado em tudo o que estamos fazendo, porque eu acredito que os líderes, aquelas pessoas que foram chamadas para influenciar, para semear transformação nas outras pessoas, vão receber um julgamento mais rigoroso que os outros por causa da sua grande capacidade de influenciar. Quando uma pessoa comete um erro, que é o que eu falei do movimento explosivo, possivelmente esse erro pode afetar a família dela. Mas quando um líder comete um erro, ele atinge a maioria dos seus seguidores. Então, do mesmo jeito que é bom a liderança explosiva, temos que ter muita responsabilidade com isso, porque o que você faz pode atingir grande número de pessoas.

Se nos estamos preparando [illegible]
[illegible]
a fim de que [illegible] nos
impulsionar [illegible]
[illegible] que a [illegible]
[illegible]
[illegible]

[illegible]

"O SUCESSO SEMPRE VAI CAMINHAR COM UMA PERGUNTA: EM QUE PODEMOS MELHORAR? O QUE EU ESTOU ME TORNANDO? E O QUADRO DE UMA PESSOA QUE ESTÁ MELHORANDO VAI PARECER DIFERENTE TODOS OS DIAS."

CAPÍTULO 17

SER DIFERENTE PARA FAZER A DIFERENÇA

••••

Existe sempre um amanhã para ser diferente e fazer a diferença. A única forma que se aprende sobre liderança é liderando. Liderar é um verbo que está na ação, e para melhorar a nossa liderança, para melhorar quem somos, precisamos sempre praticar. Tudo o que fazemos tem que sempre começar de algum lugar. E o ponto de partida sempre somos nós. É por isso que cada vez que você coloca em prática as ações que deseja, você fica melhor.

O CICLO DO SUCESSO

Quando construímos nosso negócio mais recente, tínhamos o desafio de propor uma solução para mercado, que era criar uma *fintech* de câmbio, que iria trazer soluções mais ágeis, mais rápidas, para clientes de pequeno e médio porte. Só que o dinheiro não era o suficiente. Quando chegou no Banco Central, que é o órgão regulador disso, quiseram saber: "Tudo bem, vocês estão entrando nesse mercado, mas cadê a prática de vocês? Cadê o know how de vocês? Não adianta vocês virem aqui só com o dinheiro, vocês precisam vir aqui mostrando o que vocês sabem".

Contabilizamos o tempo de dedicação que tivemos nessa estrada, nesse conhecimento, e quando fomos ver, já tínhamos mais de 50 mil horas de dedicação em comércio exterior e no campo, além das horas de estudo, e se formos simplesmente focar as horas de prática, esse número é cinco vezes maior que o padrão de horas para que possamos ter excelência em campos restritos do conhecimento. Então a prática, a ação, pode nos levar a resultados extraordinários.

Quando começamos com o nosso primeiro negócio, nem pensávamos ainda no futuro que íamos construir uma corretora de câmbio, mas praticamos tudo o que estava dentro da nossa área com diligência, entramos em todos os campos da nossa área, e quando chegou essa oportunidade, já tínhamos prática para embasar tudo o que íamos fazer.

Tudo o que nós precisamos na nossa vida é ação, não só ficar lendo muitos livros. Se você ler este livro e não praticar, não colocar em ações que reflitam mudança daquilo que você deseja na sua vida, nada vai acontecer. Porque a nossa mente muitas vezes fica obesa de tanta informação que ela retém sem pôr em prática.

Tenho aprendido muito sobre o ciclo de sucesso da vida ao longo dos anos, ao lado do Thiago, que tem sido um exemplo para mim, uma referência, que tem me mostrado que não importa a situação que tínhamos quando nos conhecemos, ou seja, sem dinheiro nenhum, sem experiência nenhuma, sem bons relacionamentos, sem saber desenvolver uma conversa intencional com um propósito claro. Mas ele me mostrou nesses vinte e poucos anos em que estamos juntos que ele é um líder, porque praticou o ciclo do sucesso.

Ele testou tirar uma menina da casa dos pais, da casa que ela tinha, depois começou a aprender como era cuidar dessa menina, como era fortalecê-la, e nesse processo ele falhou, corrigiu, voltou atrás, e passou, viu que era possível aprender com os erros, melhorar, e nós estamos nesse processo até hoje, porque depois que melhoramos, recomeçamos fazendo o ciclo novamente e sempre. E esse ciclo tem se consolidado, tanto na nossa vida pessoal quanto na nossa vida profissional.

Eu tenho tido o privilégio e o prazer de estar mais próximo de grandes líderes como John Maxwell, e ele mesmo tem descrito de uma forma muito exemplar esse ciclo do sucesso que primeiramente você testa, e às vezes estamos impedidos de fazer esse teste porque estamos muito preocupados, com medo, ansiosos.

Os bons líderes não esperam o momento perfeito para

agir, eles agem. Esperar, às vezes, não é uma boa decisão.

A boa notícia é que para ser aprendiz não é necessário ter experiência, é necessário que tenhamos sempre uma atitude correta, de aprender. E depois que passamos do aprendizado chegamos naquele ciclo em que precisamos melhorar, melhorar tudo. Aprendemos como é, identificamos o que precisamos melhorar, os nossos pontos fortes, agora que estamos no "melhore". E esse tem que ser o nosso maior valor, melhorar.

O sucesso sempre vai caminhar com uma pergunta: em que podemos melhorar? O que eu estou me tornando? E o quadro de uma pessoa que está melhorando vai **parecer diferente todos os dias.**

E depois que você melhora, para onde você vai? Você não vai ficar com aquela mentalidade de que já é bom, porque quando se depara com outras coisas no processo, que pode ser difícil, você pode não enxergar e pode cometer erros, então o que você faz? Você continua com a mentalidade do "quero melhorar" e vai pro "recomeçar" a fazer todo o ciclo de novo, porque o tempo é o seu bem mais valioso, então se você vai praticar, precisa praticar sempre o ciclo do sucesso. Enquanto continuar praticando esse ciclo, você vai continuar liderando a sua vida sempre, e para melhor!

Em primeiro lugar testamos, em segundo lugar falhamos, em terceiro lugar aprendemos, em quarto lugar melhoramos, e em quinto lugar recomeçamos, fazendo tudo de novo, porque a melhora nunca tem fim. Nós sempre teremos capacidade de ser seres humanos melhores, empresários, líderes, pais, mães, filhos, amigos. E tudo o mais que desejarmos em nossa vida.

O CICLO DO SUCESSO

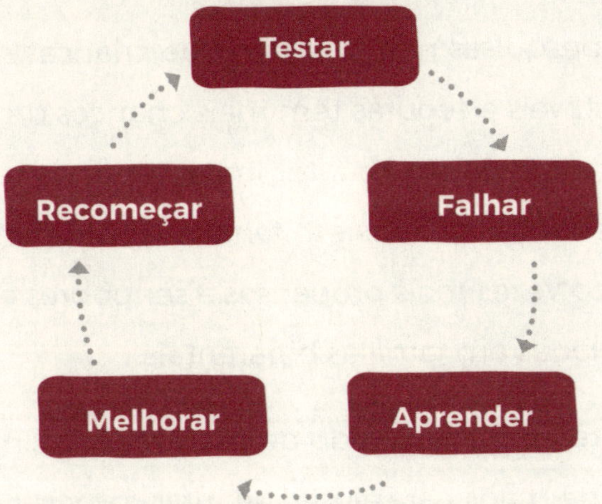

I UM TRIPÉ PARA ELIMINAR A POBREZA

Eu sempre acreditei que a educação, principalmente emocional, é a chave para acabar com a pobreza e a ignorância no Brasil e no mundo. Quando realizo imersões presenciais com pessoas de comunidades carentes, eu sempre me emociono ao ouvir seus depoimentos. Eles compartilham histórias de superação e de como a educação transformou suas vidas. Um deles uma vez me disse: "Quem não mudar a vida agora, nunca vai mudar". Isso é muito verdadeiro, porque a educação é o caminho para a libertação. Mas para resolvermos a questão, para retirarmos as pessoas da situação de vulnerabilidade, eu acredito em um tripé: família, educação e trabalho.

Família

Muitas pesquisas nos mostram que crianças criadas em famílias estáveis e seguras têm mais chances de prosperar. A estrutura familiar é um fator importante na redução da pobreza: crianças criadas em famílias monoparentais são quase cinco vezes mais propensas a ser pobres em relação àquelas criadas em famílias biparentais.

Em parte, isso é resultado de matemática simples: dois conjuntos de mãos para ajudar, segurar, fornecer condições físicas, sociais, financeiras e emocionais são claramente melhores que um. Enfrentamos uma batalha social desafiadora, pois enquanto as famílias continuarem a se fragmentar e as crianças forem privadas dos recursos de ambos os pais, as coisas não melhoram.

Luto com os nossos programas na Oliveira Foundation para que possamos melhorar o ambiente familiar no qual as crianças são criadas, pois isso é vital para qualquer esforço sério em reduzir a pobreza e expandir as oportunidades.

Famílias mais fortes são um passo importante em direção a ter mais oportunidades e menos pobreza, e o casamento é um passo importante para isso. Obviamente, o fortalecimento das famílias não resolverá por si só os problemas de pobreza. Mudanças importantes nas políticas de emprego e educação também são necessárias. Mas as melhorias no emprego e na educação sem famílias mais fortes não serão suficientes. Precisamos de progresso em todas as três frentes.

Educação

Não há dúvidas de que a educação é crucial para a eliminação da pobreza. Mas quero focar aqui os fatores socioemocionais, e como eles são cruciais para a educação e para a aprendizagem.

Baixos níveis de rendimento escolar, crianças não alfabetizadas, que chegam ao final do ciclo de alfabetização com grande inquietação e busca por respostas. Como explicar? Como compreender? Como aceitar? O que mudar? No que podemos inovar? São muitas as perguntas. A compreensão das emoções pode contribuir para melhorias na educação, proporcionando um estado emocional que favoreça a aprendizagem nas diferentes etapas da escolarização.

É importante questionar quais emoções são despertadas em nossos(as) alunos(as) frente ao objeto de estudo. Eles(as) são instigados(as) a conhecer ou criam aversão aos estudos? Quais emoções se manifestam nos professores no processo de ensino? Vamos a um exemplo.

Quando a criança diz "não sei" antes mesmo de tentar realizar qualquer atividade solicitada pelo educador, há um turbilhão de emoções que levaram a essa resposta, inclusive o medo: medo de errar, medo de tentar e ouvir que errou, de ouvir que não sabe, de ouvir adjetivos pejorativos dos colegas e de passar por uma situação de humilhação.

Dizer que não sabe pode também representar a certeza dada por outra pessoa: "Você não sabe", "Ele(a) não sabe de nada". O que o outro diz a seu respeito pode ser recebido como verdade absoluta. Principalmente quando falamos de crianças que ouvem o tempo inteiro que devem obedecer aos adultos, essas aprendem a acreditar no que os adultos falam, e que "os adultos sabem o melhor para as crianças". Os adultos tomam as decisões pelas crianças, o que os adultos falam é como lei.

Da mesma forma, a figura do professor que é um adulto, representa essa autoridade que “sabe tudo” sobre o aluno. Assim, se um adulto, professor diz que você não sabe nada, esse enunciado se torna uma determinação. Imaginemos a seguinte situação: um aluno novato em uma escola, matriculado no 3º ano, final do ciclo de alfabetização, em seu primeiro dia de aula é solicitado a realizar uma sondagem de escrita; após alguns minutos, a professora retorna e nada havia sido realizado da atividade. Ao ser questionado por que não executou, o aluno automaticamente responde: “não sei”.

A constante reprovação que, provavelmente, esse aluno passará leva ao desenvolvimento de uma conscientização do “não sei”. Assim, o aluno já não tenta fazer as atividades, pois já internalizou que é melhor nem tentar, perdendo assim as oportunidades de aprender.

Esse mesmo aluno, se for incentivado a tentar fazer e, ao realizar, cometer erros e acertos, e a professora o parabenizar, imediatamente questionará a professora “está certo?”, e ela, para motivá-lo, responderá que “sim”. E logo será novamente questionada com insistência: “tem certeza?”. Essa atitude aponta para o nível de conscientização que essa criança apresenta a respeito da própria situação de dificuldade de aprendizagem. A melhor resposta da professora será: "Sim, está, mas estão faltando algumas letras que eu vou lhe ensinar". Essa situação fez mudar a perspectiva desse aluno, impulsionando a vontade de aprender.

Trabalho

Melhorar o mercado de trabalho e incentivar o trabalho em si são essenciais para o objetivo de alcançar mais responsabilidade e oportunidades. A economia privada é a arena em que a maioria dos brasileiros trabalha fortemente para realizar seus sonhos. Porém sabemos que os salários dos não qualificados não são suficientes para gerir uma vida autossustentável.

No mercado de trabalho atual, tornou-se muito difícil melhorar o rendimento dos trabalhadores menos qualificados sem também melhorar suas habilidades, então há um amplo consenso de que precisamos qualificá-los mais para melhorar sua competitividade e consequentemente seus acessos a oportunidades e seus rendimentos.

I FAZENDO A DIFERENÇA

Cresci em uma comunidade em que a maioria das pessoas não tinha muito. E eu sempre quis algo diferente para a minha vida. Mas como alcançar algo que eu não conhecia?

Quando você não acredita em si mesmo, quando não se vê capaz de algo diferente, não toma nenhuma atitude. E é isso que eu via todos os dias na comunidade em que eu morava: pessoas que não acreditavam em si mesmas e acabavam se conformando com aquela realidade. Por isso, sempre acreditei que a falta de autoestima e de autoconfiança fossem a maior barreira para as pessoas saírem da pobreza.

Eu me casei com um homem que gostava de conversar com pessoas mais velhas e queria seus conselhos, e depois de muito tempo ele entendeu que essa busca por validação vinha da carência emocional que ele tinha com seu pai. E é assim que acontece com muitas pessoas. As carências emocionais que temos em nossa vida nos afetam de formas que nem sempre percebemos. E muitas vezes, essas carências se originam em nossa infância, em coisas que ouvimos, vimos e sentimos e levamos ao longo de nossas vidas.

E por isso, eu gostaria que todas as pessoas que influenciam outras pessoas, quaisquer que sejam elas, tivessem a responsabilidade de saber que quando nós conseguimos entregar para elas um emocional saudável, estamos protegendo-as de muitas coisas. Quando você sabe quem você é e tem uma autoestima saudável, é capaz de passar por grandes dificuldades e ainda assim prosperar. Eu desejo que as pessoas tenham responsabilidade emocional com as outras pessoas, para que elas possam se sentir dentro do contexto em que nasceram e foram criadas, capazes de fazer mudanças. Afinal, acreditar em si mesmo é o primeiro passo para transformar a sua vida.

Quando você sabe quem você é e tem uma autoestima saudável, é capaz de passar por grandes dificuldades e ainda assim prosperar.

Com o tempo, eu fui aprendendo a mudar minha perspectiva. Comecei a trabalhar em mim mesma e a acreditar que eu era capaz de fazer grandes coisas. Aos poucos, fui descobrindo que as barreiras que nos impedem de alcançar nossos sonhos muitas vezes estão dentro de nós mesmos. A falta de autoestima e de autoconfiança pode ser um obstáculo enorme para quem quer sair da pobreza, mas é possível superá-las.

Hoje, olhando para trás, eu vejo como a minha vida mudou. Cresci em uma comunidade carente, mas agora estou na Califórnia, vivendo uma vida que eu jamais poderia imaginar. E isso é prova de que, com determinação e perseverança, é possível superar todas as barreiras que a vida coloca em nosso caminho.

Infelizmente, ainda existe muita confusão na cabeça das pessoas sobre o valor da educação e do ser humano. Eu sou formada em Administração de Empresas e muitas pessoas olham para mim e pensam que eu sou mais valiosa do que alguém que cresceu em uma comunidade carente. Algumas pessoas acham que ser de uma favela, ser de uma comunidade, é uma limitação, mas eu sei que isso não é verdade. A verdade é que o valor de uma pessoa não está em sua formação acadêmica ou no lugar onde ela mora, mas sim em quem ela é e no respeito que ela tem pelos outros.

Minha briga com os jornalistas sempre foi essa: eles querem mostrar a realidade de uma favela, de um bairro carente, de uma comunidade pobre ou vulnerável de uma forma que não condiz com a realidade. Eles querem sempre mostrar miséria, carência, violência e crime, mas se esquecem de que ali a maior parte das pessoas são as que trabalham muito, que são honestas, do bem, generosas, esforçadas, criativas, com espírito de grupo, de ajuda mútua, que têm sonhos e objetivos, e que querem mudar suas vidas e aspiram por uma condição melhor.

Eu sempre soube que havia uma saída, mesmo sem ter referências. Eu acredito que cada pessoa nasceu com um propósito específico, para uma área de influência específica. E eu sabia que meu propósito ia além daquela comunidade.

E eu estava disposta a lutar por isso, a buscar onde estava a minha luz. Eu acredito que todos nasceram para ser autossustentáveis, para ter suas necessidades básicas atendidas e para buscar seus sonhos e seus propósitos.

Eu sempre acreditei que o mundo poderia ser sustentável se as pessoas que ocupam posições de influência vivessem verdadeiramente o que falam. A pior coisa que vejo hoje são as pessoas que dizem uma coisa e fazem outra. Se digo que quero o bem-estar para todos, preciso ser essa mudança por meio das ferramentas que possuo. Se as pessoas se preocupassem em ser uma escada para outras, o mundo seria muito melhor. Mas o que vejo na verdade é muita vaidade. As pessoas não estão centradas em algo que é eterno, mas no aqui e agora, pensando no que vão ganhar fazendo determinada coisa.

Há muita gente que quer fazer o bem para os outros, mas acaba mais promovendo a desgraça do que uma transformação em suas vidas.

Falta uma preocupação genuína com o ser humano, e esse é o nosso problema atual. Muitos líderes sociais que vejo hoje na ponta, trabalhando, fazendo muito, não têm o reconhecimento e não possuem nem o suficiente para suas próprias vidas. Como podem mudar a vida dos outros?

O curado cura, o transformado transforma, o que foi abençoado abençoa. Tudo começa em nós e se estende para a nossa casa, família, comunidade, cidade e assim por diante. Eu mesma trabalhei muito para criar uma sustentabilidade para a Oliveira Foundation, que me permite me dedicar verdadeiramente a ela. Porém, primeiramente tive que encontrar isso para mim, depois para minha família, e depois para os outros.

Vejo muitas pessoas que já alcançaram um patamar na vida, uma condição financeira, profissional e social que lhes permitiria ajudar outras pessoas, mas poucas estão dispostas a fazer isso. Muita gente ajuda, mas não ajuda propriamente o indivíduo a progredir, a se transformar para poder produzir. Ajuda com dinheiro, mas não com uma mudança real.

Acho que há muita gente ajudando os mais carentes, mas é preciso ajudar de verdade, criando negócios que permitam às pessoas vulneráveis progredirem e se transformarem. Ajudar verdadeiramente é ser uma mudança na vida dos outros. Acredito que é um trabalho coletivo, e se todos se empenharem em suas funções, liderando em suas áreas de influência, no primeiro, segundo e terceiro setores de nossa sociedade, juntos poderemos ter um mundo em maior equilíbrio.

Mas não é suficiente apenas dar coisas às pessoas, é preciso ajudá-las a se transformar e a se tornarem sustentáveis, sem depender dos outros. Muitas vezes, a ajuda promove uma dependência eterna de doações e caridade. É por isso que o nosso trabalho na fundação é tão importante, pois ele ensina as crianças a pensarem por si mesmas e a tomarem decisões conscientes. Hoje em dia, as crianças recebem tudo pronto e não são incentivadas a pensar. Mas é o pensamento que pode mudar nossas vidas.

Eu e meu marido decidimos mudar nossas vidas e produzimos algo do nada. Mudamos a vida dos nossos filhos e a nossa também. Se conseguimos, por que as outras pessoas não podem? Talvez o desejo não seja se mudar para a Califórnia, mas certamente irão para um lugar melhor, para uma vida melhor.

Sempre tive uma visão clara do que eu queria que a Oliveira Foundation promovesse. Queria que a organização trouxesse sustentabilidade para as pessoas, para que elas pudessem perceber que elas mesmas são capazes de ser sustentáveis. Não é suficiente apenas tirar uma pessoa de uma situação precária e colocá-la em uma casa melhor se ela não está emocional e estruturalmente saudável.

Acredito em um equilíbrio para as pessoas, em um equilíbrio para o ser humano, em um equilíbrio para a sustentabilidade.

Essas coisas todas estão interligadas e são importantes para alcançarmos uma vida plena e satisfatória. Quero que a Oliveira Foundation ajude as pessoas a alcançar isso.

Quando não tinha dinheiro, eu tinha uma base sólida. Minha mãe me ensinou que nós sempre podemos vencer, mesmo nas situações mais difíceis. Essa certeza de que podemos trabalhar e fazer a diferença é o que me move até hoje. Quando comecei a Oliveira Foundation, percebi que muitas pessoas não tinham essa base emocional sólida. Elas precisavam se sentir válidas, capazes e ter a confiança de que poderiam mudar suas vidas. É difícil mudar uma realidade sem acreditar que é possível.

Por isso, acredito que é fundamental promover essa sustentabilidade emocional e educacional. Quando a pessoa entende a sua identidade, suas habilidades e seus pontos fortes, ela consegue dar passos maiores. As transformações começam dentro de nós mesmos, e depois se estendem para os outros.

Espero que este livro tenha causado um impacto positivo em você, ajudando-o a desenvolver uma autoestima saudável e a promover a mudança que você deseja na sua vida e na vida daqueles que o cercam, conscientizando-o sobre a importância de cuidar das suas emoções e das emoções daqueles que o rodeiam.

Eu nunca me conformei. Eu sempre busquei fazer o que os outros não estavam fazendo, fui diferente e tomei a decisão de fazer a diferença na minha vida e na dos outros. Eu não cansei de buscar uma vida melhor.

E isso se refletiu diretamente na vida de todas as pessoas que passaram por mim. Se cada um de nós ousar fazer diferente, cada um mudará seu próprio mundo, sua própria realidade. Isso faz diferença, acredite.

Não se conforme. Tenho certeza de que é dessa maneira que poderemos transformar o mundo em um lugar muito melhor.

AGRADECIMENTOS.

Quero agradecer primeiramente a Deus, por ser fonte de inspiração, renovação e transformação de vida diária em mim e através de mim. Ele me alcançou e eu também tenho alcançado a muitos.

A meu esposo, Thiago, que tem sido um homem de valor, visionário, uma coluna e um alicerce para nós e para nossos negócios. A meus filhos Pedro, Mari e Ale, por serem a expressão do amor de Deus na minha vida e me encherem de orgulho.

À minha família, amigos, líderes educacionais, consultores e designers, todos foram um grande incentivo para iniciar e terminar este livro.

E a você, que tem sido ferramenta de amor e de transformação para muitas vidas. Juntos, podemos liderar grandes transformações.